TRADE PRACTICE

무역실무

배 희 성

三 英 社

머리말

우리가 어떤 현상을 관찰할 때 왜 그런 것인지에 대한 의문으로부터 연구는 시작된다. 이는 연구질문에 해당하고 이에 대한 선행연구를 통해 현재까지의 연구결과를 확인하고 연구되지 못한 부분을 파악하고 선행연구에서 확인하지 못한 연구의 한계를 제시한다. 이러한 연구의 한계는 연구목적을 구성하게 된다. 이렇게 연구는 질문으로부터 시작된다.

본 교재는 저자가 20여 년 동안 대학에서 강의를 하면서 무역실무에 대해 가졌던 질문으로부터 시작되었다. 이러한 질문에 대한 해답을 찾기 위해 다양한 참고문헌을 확인하였고 기존의 참고문헌에서 해결되지 않은 질문은 생성형 AI(chatGPT 등)를 통해 해답을 찾으려고 노력했다. 본 교재의 특성은 다음과 같다.

첫째, 기존의 교재에 포함된 내용을 가능하면 포함하려고 노력했다. 기존의 무역실무에서 포함하고 있는 내용은 오랜 기간 동안 형성된 무역실무에 대한 누적된 지식이다. 이에 따라 본 교재 역시 기존의 교재가 포함하고 있는 내용을 가능하면 포함하려고 노력했다.

둘째, 무역실무의 내용을 가능하면 간결하게 담고자 했다. 기존의 무역실무와 관련된 서적이 설명하고 있는 내용은 너무 방대하여 이를 설명하는데 너무 많은 시간을 투자해야 했다. 이에 따라 본 교재는 가능하면 무역실무의 내용을 축소하여 필요한 부분만을 담고자 하였다.

셋째, 현재 글로벌 경제의 핵심으로 부상하고 있는 글로벌 공급사슬관리에 대한 중요성을 포함시키고자 했다. 본 교재는 리쇼어링, 프랜드쇼어링 등과 같은 글로벌 경제환경의 변화를 담고자 했다. 이는 변화하는 글로벌 경제환경과 이러한 환경하에서 글로벌 공급사슬관리를 통해 한국무역이 어떠한 방향으로 가야 하는지에 대한 것을 포함하고 있다.

넷째, 무역실무에 대한 국제사법적인 부분보다는 실질적으로 무역실무를 이행할 수 있는 내용을 포함하고자 했다. 무역실무에서 국제사법의 중요성에도 불구하고 법적인 측면에 치우치기보다는 무역업의 창업부터 시작해서 해외시장 조사, 바이어발굴, 수출입절차, 글로벌 운송물류, 무역결제 등을 포함하여 창업부터 수출입절차 및 무역결제까지 본 교재를 통해 무역실무를 이행할 수 있도록 구성하였다.

다섯째, 본 교재는 사례를 포함하고 있지 않다. 기존의 교재에서 나타난 방대한 분량으로 인해 본 교재는 사례를 배제함으로서 가능한 범위 내에서 교재의 분량을 최소화하였다. 필요한 사례는 포털사이트, 유튜브 등을 통해 다양한 자료를 확보하여 설명할 수 있다.

여섯째, 본 교재는 플립러닝을 기초로 작성되었다. 본 교재는 온라인을 통해 선행학습을 하고 교재의 내용을 중심으로 강의시간에 담당교수와 학생 간의 토론 및 질의와 응답을 통해 강의를 진행하기 위해 작성된 교재이다. 따라서 교재의 내용은 가능한 한 최소한으로 하였고 반드시 필요한 부분만을 포함하였다.

본 교재를 집필하는데 있어 가족의 도움이 큰 힘이 되었다. 아내 이성미와 딸 배정윤은 영국 뉴캐슬에서 힘든 시간을 함께 하였고 뉴캐슬대학교의 Dong 교수님의 조언은 본 교재의 완성도를 높이는데 기여하였다. 또한 경성대학교 이우영교수님과 함성필교수님께서 본 교재의 집필에 많은 조언을 해 주셨다. 평소 저자와 무역학에 대해 깊이 있는 논의를 했던 양일석교수님께 감사의 말씀을 전하고자 한다. 본 교재의 출판을 흔쾌히 허락해 주신 삼영사 고성익대표님께도 감사의 말씀을 드린다. 그리고 많은 선후배 교수님들과 무역학의 발전을 위해 노력하고 계신 학계, 연구계 및 재계 동료분들에게 감사의 말씀을 전하고 싶다. 무역과 글로벌 물류의 발전에 조그마한 기여가 되었으면 하는 마음으로 저자는 본 교재를 작성하였다. 마지막으로 본 교재에 포함된 오류나 실수가 발견될 경우 너그러운 마음으로 이해해 주시고 저자에게 알려주신다면 감사를 드리겠다.

영국 뉴캐슬대학교에서

2025년 2월

경기대학교 무역학과 **배희성**

Contents

Contents

Chapter 7 신용장통일규칙 / 125

Contents

Chapter 11 무역보험 / 209

Chapter 12 통관과 무역분쟁 / 225

Chapter 13 무역서류 / 253

Contents

CHAPTER

1

무역실무에 대한 이해

Chapter

1 | 무역실무에 대한 이해

1.1 • 무역실무의 필요성

무역은 각 국가와 세계 경제 전체에 혜택을 주기 때문에 몇 가지 기본적인 측면에서 필요성이 있다. 무역의 핵심적인 필요성은 다음과 같다.

첫째는 자원에 대한 접근이다. 모든 국가는 필요한 자원을 모두 보유하거나 필요한 상품과 서비스를 모두 생산할 수 있는 능력을 갖추고 있지는 않다. 무역을 통해 국가는 국내에서 부족하거나 이용할 수 없는 자원, 원자재 및 상품을 이용할 수 있다. 예를 들어, 석유가 부족한 국가는 석유가 풍부한 국가로부터 수입할 수 있다.

둘째는 시장의 확대이다. 무역은 기업이 국내 경계를 넘어 시장을 확대할 수 있는 기회를 제공한다. 이러한 시장의 확대는 매출의 증대, 이익의 증대 및 규모의 경제를 통한 혜택으로 이어진다. 또한 기업은 시장을 세계적으로 확대화하여 국내 시장에 대한 의존도를 줄이고 한 지역의 경기 침체와 관련된 위험을 잠재적으로 완화할 수 있다.

셋째는 경제적 효율성의 달성이다. 무역을 통해 국가는 비교우위를 갖는 상품과 서비스의 생산을 전문화할 수 있다. 이러한 전문화는 자원을 가장 효과적으로 활용할 수 있는 영역에 투입하므로 효율성과 생산성이 향상된다. 결과적으로 국가는 동일한 양의 자원으로 더 많은 생산량을 생산할 수 있어 전반적인 국민의 경제적 복지는 향상된다.

넷째는 소비자의 선택이다. 무역은 소비자에게 경쟁력 있는 가격으로 전세계의 다양한 상품과 서비스에 대한 접근을 가능하게 한다. 이를 통해 소비자는 국내에서 구할 수 없거나 국내에서 생산하는 것이 더 비싼 제품에 대해 전세계의 다양한 제품 중에서 선택할 수 있다. 이러한 합리적 선택과 경쟁의 증가는 소비자에게 양질의 저렴한 상품을 제공하는 근거가 된다.

다섯째는 기술의 이전이다. 무역은 국가 간 기술과 지식의 이전을 촉진한다. 무역을 통해 국가는 다른 국가에서 개발된 기술을 수입하고 활용하여 생산성, 혁신 및 경제성장을 가능하게 한다. 예를 들어, 외국인의 우리나라에 대한 직접투자는 무역을 수반하여 기술의 이전과 지식의 유입을 촉진한다.

여섯째는 경제의 성장이다. 무역은 투자를 늘리고 혁신을 촉진하며 전문화와 효율성을 촉진함으로써 경제성장을 촉진할 수 있다. 무역에 적극적으로 참여하는 국가는 세계 경제에 참여하지 못하는 국가에 비해 더 높은 수준의 경제성장을 달성하게 된다.

일곱째는 환율의 안정성이다. 무역은 국가 간 발생할 수 있는 무역의 불균형을 환율의 변동을 통해 균형을 유지함으로써 환율 안정성에 기여할 수 있다. 예를 들면 일국의 수출이 증가하고 상대국의 수입이 증가하면 일국은 외환(달러)이 증가하여 자국화폐의 가치가 올라가는 반면 상대국은 외환(달러)이 감소하게 된다. 이 경우 일국은 자국의 화폐가 평가절상되어 수입이 증가하고 수출이 감소하게 되어 수입이 증가한 일국의 환율은 다시 평가절하하게 된다. 따라서 무역의 불균형은 환율의 변화를 통해 무역의 안정과 환율의 안정을 가져온다.

무역은 경제발전을 촉진하고 생활수준을 향상시키며 국가 간 협력과 상호 의존성을 형성하는 데 중요한 역할을 한다. 그러나 무역 불균형, 보호주의, 환경 및 노동 기준에 대한 우려 등의 문제도 발생하고 있으며 이는 효과적인 정책과 국제협력을 통해 해결할 수 있다.

1.2 • 무역실무의 개념

무역은 국가 간의 상품 및 서비스를 교환하기 위한 거래행위를 의미한다. 대외무역법 상의 무역의 개념(대외무역법 제2조)은 물품(외국환거래법 상의 지급수단, 증권 및 채권을 제외)과 용역(전자적 형태의 무체물 포함)의 수출과 수입을 의미한다. 또한 수출은 매매, 교환, 임대차, 사용대차, 증여 등을 원인으로 국내에서 외국으로 물품을 이동하는 것을 의미하고 수입은 매매, 교환, 임대차, 사용대차, 증여 등을 원인으로 외국에서 국내로 물품이 이동하는 것을 의미한다(대외무역법 시행령 제2조). 무역실무의 개념은 무역을 이행하는 무역업자가 실행해야 하는 절차를 의미하고 다음과 같은 것들을 포함한다.

첫째, 무역실무는 무역과 관련한 협정과 조약을 포함한다. 국가 또는 지역 블록 간에 합의된 무역협정과 조약은 무역을 위한 조건과 규정, 관세, 할당량, 원산지규정, 분쟁해결절차 등을 포함한다. 이는 양자 간 자유무역협정(free trade agreement), 북미자유무역협정(North American Free Trade Agreement)과 같은 지역무역협정, 세계무역기구(World Trade Organization)와 같은 다자간 협정이 포함된다. 무역업자는 이러한 무역과 관련한 국제규칙과 양자 및 다자간 협정에 대한 이해가 필요하다.

둘째, 무역실무는 통관절차와 관련 서류를 포함한다. 무역업자는 복잡한 통관절차와 관련된 서류의 복잡성으로 인해 이에 대한 학습이 필요하다. 이는 수출 및 수입 허가, 물품신고, 관세 및 제세의 납부, 제품분류, 안전규정준수 등과 같은 국가의 통관과 관련한 법의 준수를 포함한다. 적절한 문서의 작성 및 통관절차의 준수는 국경을 넘어 물품의 원활한 흐름을 보장하는 데에서 중요성이 있다.

셋째, 무역실무는 무역금융 및 국제대금결제방법을 포함한다. 무역업자는 무역거래를 원활하게 하는데 사용되는 다양한 금융방식과 국제대금결제방법을 이해해야 한다. 이는 신용장, 서류, 환어음과 같은 무역금융 및 전자결제시스템을 포함한다. 이러한 국제대금결제에 대한 이해는 결제의 불이행 및 환율의 변동과 같은 국경을 넘어 발생하는 환거래의 위험을 완화하는데 도움이 된다.

넷째, 무역실무는 무역과 관련한 국제법 및 규정을 포함한다. 무역업자는 국내 및 국제적인 무역과 관련한 법률, 규정 및 표준을 이해해야 한다. 특히 무역업자는 가격조건과 관련한 INCOTERMS와 무역결제와 관련한 신용장통일규칙과 같은 국제사법에 대한 이해가 필요하다. 또한 무역업자는 관세법 및 WTO에 규정된 반덤핑 관세, 상계관세 등과 같은 각국의 시장을 보호하는 조치뿐만 아니라 지식재산권의 보호, 환경과 관련한 규제 및 노동과 관련한 기준의 준수도 포함된다. 이러한 규정을 어기면 법적 처벌, 무역 분쟁 및 평판 하락이 발생할 수 있다.

다섯째, 무역실무는 물류 및 공급망관리를 포함한다. 효율적인 물류 및 공급망관리는 무역실무의 중요한 구성요소이다. 이는 시간과 비용의 측면에서 효율적인 물품의 운송, 보관, 하역, 포장, 유통가공 및 물류정보를 포함한다. 효율적인 물류관리는 물품의 이동시간을 최소화하고, 운송비용을 줄이며, 공급망의 신뢰성을 보장하고, 무역의 경쟁력을 향상시킨다.

여섯째, 무역실무는 무역의 촉진과 역량의 강화를 포함한다. 무역업자는 무역의 거래절차를 간소화하고 거래파트너의 역량을 강화하기 위한 노력을 해야 한다. 이는 통관절차의 간소화, 인프라 및 물류의 개선, 무역과 관련된 지식과 기술의 향상 및 제도개혁을 촉진하는 활동을 포함한다. 무역업자의 이러한 활동은 무역장벽, 거래비용 및 행정적 부담을 줄여 무역을 촉진한다.

무역실무는 무역업자들이 법적, 규제적, 절차적 요구사항을 준수하면서 국경을 넘어 상품과 서비스의 교환을 촉진하는 것을 목표로 하는 광범위한 활동과 과정을 포함한다. 효과적인 무역의 관행은 무역의 확대와 세계 경제의 협력을 촉진함으로써 경제의 발전, 일자리의 창출, 빈곤의 감소에 기여할 수 있다.

이러한 무역실무는 무역업자들의 관행을 중심으로 한 학습내용이 포함되어야 한다. 특히 대외무역법 상의 무역에 대한 정의는 상품 및 서비스를 포함하고 있지만 상품의 거래과정에 대한 이해가 선행되어야만 서비스에 대한 거래를 이해할 수 있다. 따라서 본 교재는 상품교역을 중심으로 다음과 같은 내용을 포함하고자 한다.

1.3 • 무역계약

무역계약은 다음과 같은 절차를 통해 체결된다.

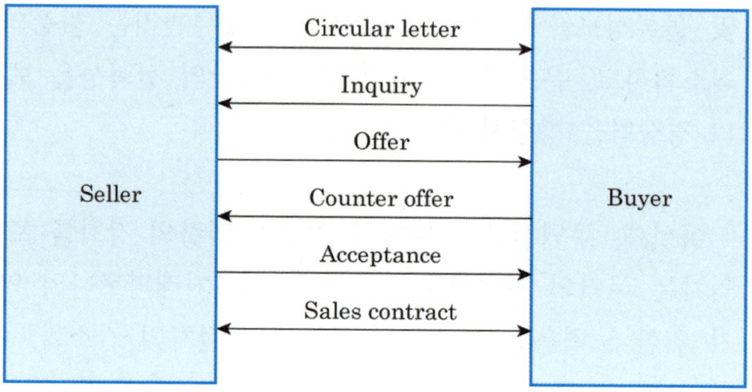

[그림 1-1 무역계약절차]

[그림 1-1]은 무역계약의 절차를 보여주고 있다. 수출상 또는 수입상은 해외시장조사를 통해 거래상대방을 확인하고 거래권유장을 보내 상대방에게 거래의 의사를 문의한다. 거래권유장은 가격표와 카탈로그를 포함한다. 이를 확인한 거래상대방(일반적으로 수입상)이 거래조건에 대한 문의 및 협상을 진행하게 된다. 이를 확인한 수출상은 수입상과의 협상을 통해 확정오퍼를 발행하게 된다. 수입상은 수출상의 확정오퍼의 무역거래조건 중 변경을 원하는 조건에 대한 반대오퍼를 발행하게 된다. 수출상은 수입상의 반대오퍼에 대해 무역계약조건의 변경사항이 없다면 승낙을 하게 된다. 이에 따라 수출상과 수입상은 무역계약을 체결하고 각각 무역계약서에 서명하여 한 부씩 계약서를 보관하게 된다. 무역계약이 종료되면 수출상과 수입상은 계약서에 기재된 무역계약조건에 따른 의무를 이행해야 한다.

1.4 • 무역결제

무역결제는 신용장을 기초로 설명하고자 한다. 신용장의 거래흐름은 다음과 같다.

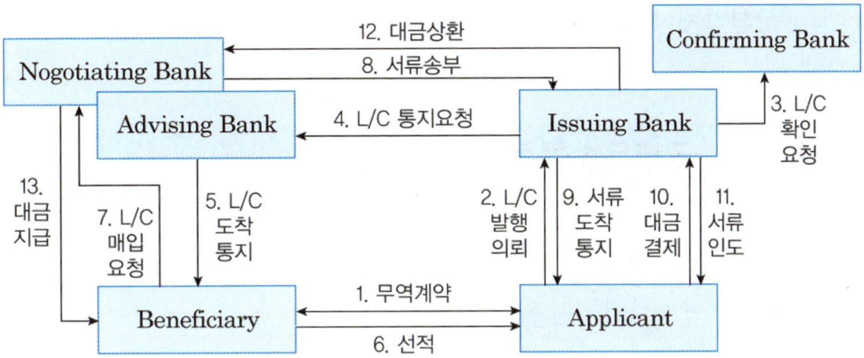

[그림 1-2 신용장거래절차]

[그림 1-2]는 신용장거래절차를 보여주고 있다. 수출상과 수입상은 매매계약을 체결한다. 무역계약조건 중 대금결제조건이 신용장조건인 경우 수입상은 자신의 거래은행에 신용장의 발행을 요청해야 한다. 발행은행은 요청받은 신용장의 발행조건을 확인하고 신용장을 발행해서 수출상의 지역에 있는 환거래은행인 통지은행에 신용장의 통지를 요청한다. 만일 동 신용장이 확인신용장인 경우 발행은행은 확인은행에 신용장의 확인을 받아야 한다. 통지은행은 신용장의 문면상 진정성을 확인하고 수출상에게 신용장의 도착을 통지해야 한다. 수출상은 신용장의 내용과 계약서의 내용이 일치하는지 여부를 확인하고 문제가 없을 경우 물품을 조달하고 해상운송계약을 체결하여 물품을 선적하게 된다. 수출상은 선하증권, 상업송장, 포장명세서, 원산지증명서 및 기타 신용장에서 요구하는 모든 서류를 엄밀일치의 원칙에 따라 구비하여 매입은행에서 환어음을 발행하여 매입을 요청하게 된다. 매입은행은 수출상이 제시한 서류를 신용장의 내용과 비교하여 엄밀일치의 원칙에 따라 심사하고 문제가 없을 경우 매입을 받아 동 서류를 발행은행으로 송부한다. 발행은행은 송부되어 온 서류를 엄밀일치의 원칙에 따라 심사하고 문제가 없을 경우 수입상에게 서류도착을 통지하게 된다. 수입상은 서류가 신용장 발행계약과 일치하는지 여부를 확인하고 문제가 없는 경우 대금을 지급하고 서류를 인수하게 된다. 발행은행은 지급받은 대금을 매입은행에

상환하게 된다. 이러한 절차를 통해 신용장거래는 이행된다.

1.5 국제운송물류

국재운송물류의 프로세스는 컨테이너화물을 대상으로 설명하고자 한다. 그 절차는 다음과 같다.

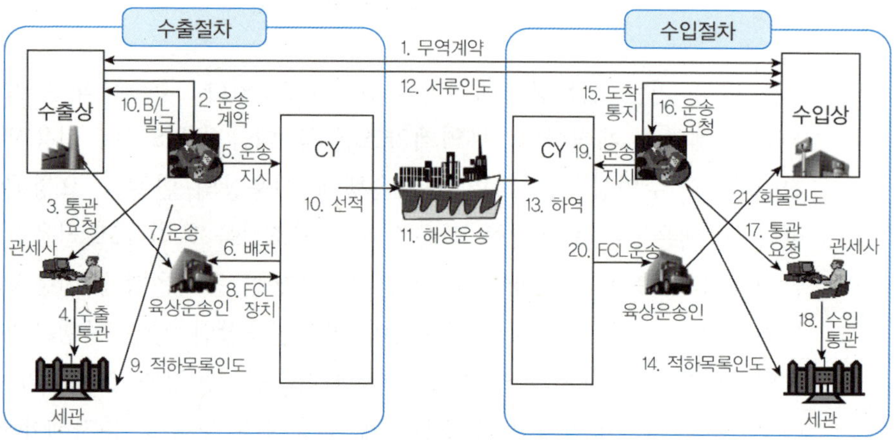

[그림 1-3 국제운송물류절차]

[그림 1-3]은 국제운송물류절차를 보여주고 있다. 수출상과 수입상의 매매계약이 체결된 이후 계약조건 중 운송조건이 풀컨테이너화물(full container loaded cargo)인 경우 수출상은 신용장의 입수 후 운송인과 해상운송계약을 체결해야 한다. 이후 수출상은 이용하는 관세사가 있는 경우 관세사에 통관요청을 하고 없는 경우 선사에 통관요청을 하면 세관에 통관을 이행하게 된다. 통관이 끝난 이후 운송인은 컨테이너 터미널에 수출화물에 대한 내륙운송지시를 하게 되고 컨테이너 터미널은 트레일러를 배차하여 수출상의 문전에 입고시켜 화물을 인수하게 된다. 이후 내륙운송을 통해 컨테이너화물은 컨테이너야드에 장치되고 선박이 입항한 후 화물은 선적되게 된다. 선

적 후 선사는 수출상에게 선하증권을 발급하게 된다. 수출상은 선하증권 및 신용장에서 요구하는 기타 서류를 구비하여 은행을 통해 수입상에게 송부하게 된다.

선박이 수입항에 입항하면 컨테이너는 하역되고 선사는 수입상에게 화물도착통지를 하고 수입상은 선사에 선하증권 원본을 제시하고 문전운송을 요청하게 된다. 또한 수입상은 자신이 이용하는 관세사가 있으면 이를 통해 수입통관절차를 이행하고 그렇지 않을 경우 선사에 수입통관을 요청한다. 수입통관이 완료된 이후 선사는 컨테이너 터미널에 내륙운송을 요청하고 터미널은 트레일러를 배차하여 내륙운송을 하고 수입상은 화물을 인수하게 된다. 이러한 절차를 통해 화물은 수출상으로부터 수입상에게 운송된다.

1.6 • 무역과 관련한 법률

우리나라의 무역 3법은 대외무역법, 관세법 및 외국환거래법이다. 대외무역법은 무역에 대한 기본법이고 무역의 행위자를 규율하는 법이다. 관세법은 무역의 대상인 물품을 규율하는 법이고 외국환거래법은 물품의 흐름과 반대로 이동하는 자금을 규율하는 법이다.

대외무역법은 국가 간의 무역활동을 규제하고 조절하는 법률이다. 이 법은 국가의 무역정책과 관련된 다양한 측면을 다루며 주로 수출입에 관련된 사항을 포함한다. 대외무역법은 다음과 같은 내용을 포함하고 있다.

정부는 수출입 허가 및 제한을 위해 일부 품목이나 물품에 대한 수출입을 규제하고 관련 기관의 허가를 받을 것을 수입상에게 요구할 수 있다. 무역규제는 특정 국가나 상품에 대한 무역의 제한, 제재 및 협정에 관한 사항을 다룬다. 무역협정 및 조약은 다른 국가나 국제기구와의 무역에 관한 협정 및 조약을 체결하고 시행하는 것을 포함한다. 불공정무역행위에 대한 규제는 불공정한 무역행위나 보호무역과 관련된 조치에 대한 대응책을 의미한다. 국제무역분쟁의 해결은 국제적인 무역분쟁에 대한 해결절차 및 국제기구와의 협력을 다룬다. 따라서 대외무역법은 우리나라 경제의 발전과 안정을 위해 중요한 역할을 하고 국제사회와의 무역관계를 원활하게 유지하기 위한 법적 기반을 제공한다.

관세법은 무역의 대상인 상품을 규율하는 법률이다. 관세는 수입품에 대하여 부과하는 세금이고 이에 따라 관세는 수출품에는 부과되지 않는다. 수입품에 대한 과세의 4대 요건은 과세물건(수입물품), 과세표준(수입물품의 가격), 세율(관세율) 및 납세의무자(수입상)이다. 이 법은 다음과 같은 내용을 다룬다. 관세율 및 부과는 수입된 물품에 대한 관세율과 관세의 부과 방법을 규정한다. 관세율은 수입품의 종류, 국가 간 협정, 그리고 국가의 무역정책 등을 고려하여 결정된다. 관세와 관련한 품목분류는 수입품을 분류하고 그에 따라 적절한 관세율을 적용하기 위해 과세를 위한 화물의 품목분류체계를 설정하고 유지한다. 관세의 면제 및 감면은 특정 조건을 충족하는 경우에 일부 수입품에 대해 관세의 면제 또는 감면을 적용할 수 있다. 이는 국가의 산업육성이나 국제적인 협정을 통해 이루어질 수 있다. 관세와 관련한 절차는 수입품에 대한 관세의 신고 및 납부에 대한 절차, 관세청과의 협력 절차, 관련 서류 및 기록의 관리 등과 관련된 절차를 규정한다. 관세평가는 수입품의 관세액을 산정하는 방법과 절차를 규정하며 공정한 관세평가를 위한 방안을 제시한다. 관세법의 위반 및 처벌은 관세법을 위반하는 경우 벌금, 형사처벌, 물품의 추징 등의 처벌이 부과될 수 있다. 따라서 관세법은 국가의 무역정책을 구체화하고 실행하기 위한 중요한 법률이며 무역에서도 상당히 중요한 역할을 한다.

외국환거래법은 한국에서 외국환거래를 규제하고 조절하는 법률이다. 이 법은 무역 및 외환거래의 안정성과 투명성을 유지하고 우리나라의 외환보유와 금융시장의 안정을 보장하기 위해 제정되었다. 그 주요 내용은 다음과 같다. 환전은 외화를 국내 통화로 환전하거나 국내 통화를 외화로 환전하는 경우의 절차와 조건을 규정한다. 외화의 수출입은 국내에서 외화를 수출하거나 외화를 수입하는 경우의 규제와 관련된 사항을 다룬다. 외화거래의 허가 및 제한은 특정 외화거래에 대한 허가 또는 제한 사항을 규정하여 우리나라의 외환자금의 안정을 도모한다. 외화자금의 운용 및 관리는 국내에서의 외화자금 운용에 대한 규정을 마련하여 외환시장의 안정을 유지하고 외화자금의 투명하고 효율적인 관리를 지원한다. 외화의 환급 및 보고는 외화의 거래에 따른 환급 절차와 외화의 거래에 대한 보고 절차를 규정하여 외환거래의 투명성을 제고한다. 외화거래에 대한 벌점 및 처벌은 외화거래에 관한 법규를 위반하는 경우에 대한 벌칙 및 처벌사항을 규정하여 외화를 거래할 때 불법행위를 억제한다. 따라서 외국환거래법은 우리나라 외환시장의 안정과 경제 안정성을 유지하는 데 중요한 역할을 한다.

CHAPTER

2

무역계약의 체결

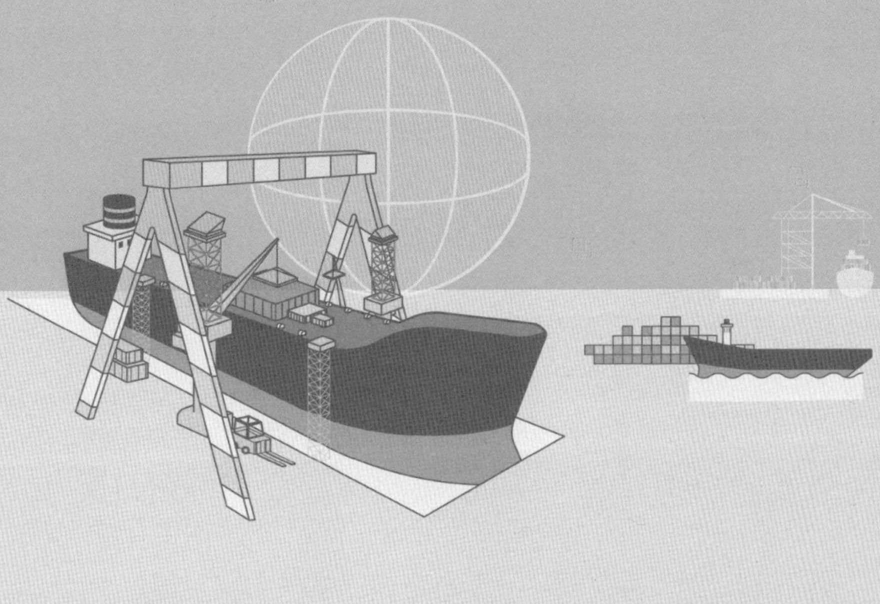

Chapter

2 | 무역계약의 체결

2.1 • 무역업의 창업과 수출입절차

2.2.1 서론

무역업의 창업은 무역업자가 업무를 이행하기 위해 관할지 세무서에 신고하는 것부터 시작된다. 또한 무역업의 창업 이후 무역업자는 수출입절차를 이행하기 위해 그 과정을 이해할 필요가 있다.

2.2.2 무역업 창업의 방법

무역업을 창업하기 위해 무역업자는 사무소의 주소지에 있는 관할 세무서에 사업자등록을 해야 한다. 사업자등록을 하기 위해서는 사무소의 주소가 필요한데 이는 자택의 주소를 등록하는 것도 가능하고 사무실을 매입 또는 임대해서 등록하는 것도 가능하다. 일반적으로 무역업은 합명회사, 합자회사, 유한회사, 주식회사 또는 벤처기업으로 사무소를 개소할 수 있다. 만일 무역업자가 주식회사로 개설하고자 한다면 그들의 매출액이 일정수준 이상이어야 세금을 절약할 수 있고 그렇지 않을 경우 합명회사, 합자회사, 유한회사 또는 벤처기업으로 개소할 수 있다. 벤처기업은 기술보증기금 등으로부터 기술의 혁신성을 인정받아야 하고 이들이 대해서 법인세 50% 감면(5년간), 취득세 75% 감면 및 재산세 3년간 면제(이후 2년간 50% 감면)를 받는다.

무역업자는 사업자등록을 위해 사업의 시작 일을 기준으로 20일

이내에 사업장 소재지의 관할 세무서에 신청을 해야 한다. 만일 사무소를 임차한 경우 무역업자는 임대차 계약서 사본, 사업허가증(관련 기관의 허가가 필요한 사업의 경우) 등의 서류를 구비하여 신고해야 한다. 만일 무역업자가 인터넷을 통해 사업자등록을 하고자 할 경우 무역업자는 홈택스를 방문하여 필요한 서류를 스캔하여 업로드하면 된다.

사업자등록증을 발급받은 이후 무역업자는 무역업을 이행하기 위해 무역업 고유번호를 발급받아야 한다. 이는 무역협회에 신청하면 되고 구비서류는 사업자등록증 사본과 무역업고유번호 신청서를 구비해야 한다. 무역업고유번호는 전화, 인터넷, 팩스, 우편, 방문 등 어떠한 형태로든 신청을 하면 즉시 부여해야 한다. 이는 수출입의 통계를 위해 정부의 업무를 무역협회에 위임한 것이다. 무역업자는 무역업 고유번호를 발급받은 이후 수출, 수입, 무역대리, 무역대행, 시장조사대행 등의 모든 무역과 관련된 업무를 이행할 수 있다.

요약하면 무역업을 이행하고자 하는 무역업자는 사무소 소재지의 관할세무서에 사업자등록을 이행하고 무역협회에서 무역업고유번호를 발급받아 무역업을 영위할 수 있다.

2.2 • 수출입절차와 수출입통관시 제출해야 하는 서류

2.2.1 서론

무역은 수출과 수입으로 분류되고 무역업자는 이를 이행하게 된다. 수출입절차와 수출입통관을 위해 세관에 제출해야 하는 서류는 다음과 같다.

2.2.2 수출절차

무역업은 제조기업이 무역업을 영위하는 경우와 제조시설을 보유하고 있지 않고 무역업만을 영위하는 전문무역업자로 분류된다. 제조기업의 경우 자사의 물품뿐만 아니라 타사의 물품을 대행해서 수출입할 수 있다. 전문무역업자는 타사의 물품을 수출입하는 경우로 해외의 수출업자를 대행하여 국내로 물품을 수입하거나 우리나라의 제조기업을 대행해서 수출을 이행한다.

무역을 이행하기 위해 무역업자는 해외 수입상을 검색해서 그들이 원하는 물품을 확인하고 국내 제조기업과 접촉하여 물품에 대한 정보를 확보해야 한다. 무역업자는 해외시장조사를 통해 수입상 목록을 확보하고 해외시장의 경쟁정도, 시장의 수요, 수입국의 규제 등을 확인해야 한다. 무역업자는 수입상의 목록을 확인하여 이메일 등을 통해 거래권유장을 보내고 답변이 오면 수출을 위한 승인이나 규제를 확인해야 한다. 이를 무역업자가 직접 확인하기는 어렵기 때문에 관할지 세관이나 관세사에게 문의하면 답변을 얻을 수 있다. 수출계약이 체결된 이후 신용장을 입수하고 물품을 확보해야 한다. 첫 거래의 경우 거래 상대방의 신용을 확인하기 어렵기 때문에 가능하면 신용장 거래를 하는 것이 거래의 안정성을 높이는 방법이다. 수입상으로부터 신용장을 입수한 이후 무역업자는 수출을 위한 무역금융을 받을 수 있다. 이는 해외로부터 도착한 원신용장을 담보로 한 내국신용장을 발행해서 수출물품을 조달할 수 있고 기타 무역금융을 이용할 수 있다. 물품이 확보되면 무역업자는 INCOTERMS 규칙에 따라 운송인과 운송계약을 체결하고 수출통관을 완료한 이후 물품을 선적한다. 선사는 물품이 선적된 이후 선하증권을 발행하여 무역업자에게 인도하고 무역업자는 신용장에 나타난 모든 서류를 구비하여 매입은행에 매입을 요청하고 무역대금을 회수하게 된다. 이후 무역업자는 수출신고필증의 발행일을 기준으로 2년 내에 관세를 환급받을 수 있다.

2.2.3 수입절차

수입절차는 국내 유통업자 등 거래처의 요청에 따라 수입물품을 확인하고 동 물품의 수입시 필요한 승인절차나 요건 등을 확인해야 한다. 이는 관할지 세관이나 관세사에게 문의하면 확인할 수 있다. 또한 무역업자는 해외의 수출업자에 대한 시장조사를 이행해야 한다. 이에 따라 해외의 수출업자 목록을 확보하고 이들에게 이메일 등을 통해 거래권유장을 송부하게 된다. 수입계약이 체결되면 무역업자는 거래은행을 통해 신용장을 발행하게 되고 해외의 수출업자로부터 선적에 대한 지시를 받게 되면 신용장에 대한 대금지급을 준비해야 한다. 발행은행으로부터 서류도착통지를 받게 되면 무역업자는 서류를 확인하고 대금결제를 이행하고 서류를 인수하게 된다. 무역업자는 선하증권 원본을 가지고 선사에 가서 운임 및 제비용을 지불하고 수입통관을 완료하고 물품을 인수하게 된다.

2.2.4 수출입통관시 구비서류

수출통관시 무역업자는 관세사에 상업송장과 포장명세서를 송부하면 관세사가 Uni-pass를 통해 수출통관을 이행하고 문제가 없으면 즉시 수출통관필증이 발행된다. 수입통관시 무역업자는 관세사에 선하증권, 상업송장, 포장명세서 및 원산지증명서를 송부하면 관세사가 Uni-pass를 통해 수입통관을 이행하고 관세 및 제세를 확인하여 무역업자가 납부하게 되면 즉시 수입통관필증이 발행된다. 만일 다른 법령에 의해 수출입시 규제사항이 있다면 이에 대한 규제를 만족시켜야 수출입통관필증이 발행된다. 예를 들면 식품을 수입하고자 하는 경우 무역업자는 식품의약품안전청으로부터 식품검사합격증을 발급받아 수입통관시 이를 첨부해야 수입통관이 가능하다. 이는 관세사에게 문의하고 관세사를 통해 동 검사를 이행하면 된다.

요약하면 무역업자의 관점에서 수출입절차는 무역계약의 체결 이후 대금결제를 이행하고 국제운송을 통해 화물을 인수하게 된다. 일반적으로 수출통관서류는 상업송장과 포장명세서이고 수입통관서류는 선하증권, 상업송장, 포장명세서 및 원산지증명서이고 이들은 모두 사본으로 처리가 가능하다.

2.3 • 무역계약의 개념과 법적 성격

2.3.1 서론

무역계약은 다른 국가에 존재하는 당사자 간의 매매계약을 의미하고 다양한 법률적 관계가 존재한다. 그 내용은 다음과 같다.

2.3.2 무역계약의 개념

무역계약은 서로 다른 국가에 존재하는 당사자 간에 체결된 법적으로 구속력이 있는 계약으로 상품과 대금의 교환을 규율하는 조건을 포함하고 있다. 이러한 무역계약은 무역거래를 이행하는데 있어 필요한 조건들을 포함한다. 무역계약의 주요 내용은 다음과 같다.

첫째는 계약의 유형이다. 무역계약에는 물품매매계약, 판매계약, 대리점계약, 라이선싱계약 및 프랜차이즈계약을 포함한 다양한 유형이 있다. 사용되는 계약의 유형은 거래의 성격과 관련된 당사자 간의 관계에 따라 달라진다.

둘째는 계약조건이다. 무역계약은 관련 당사자가 합의한 조건을 명시해야 한다. 이는 거래되는 상품의 설명, 품질조건, 수량조건, 가격조건, 선적조건, 대금결제조건, 보험조건, 포장조건, 상사중재조건, 불가항력조항 등과 같은 사항이 포함된다.

셋째는 계약에 포함된 사법적 구조이다. 무역계약은 국제 협약, 국내 법률 및 무역관행을 포함한 다양한 국제사법에 의해 규율된다.

당사자는 계약에서 분쟁의 해결을 위해 적용되는 준거법과 재판관할권을 선택해야 한다. 무역계약과 관련된 일반적인 국제사법으로는 국제상품매매계약에 관한 유엔협약(비엔나협약, CISG), INCOTERMS 2020, 신용장통일규칙(UCP600) 등이 있다.

넷째는 무역계약에 따른 위험의 분배이다. 무역계약은 관련 당사자 간의 위험을 분배한다. 이는 인도의 지연, 상품의 부적합, 환율의 변동, 각국의 법률 또는 관세의 변경 및 불가항력에 해당하는 사건과 관련된 위험이 포함된다.

다섯째는 분쟁의 해결이다. 무역계약에는 상사 간의 분쟁을 해결하기 위한 규정이 일반적으로 포함된다. 이는 당사자의 선호도 및 계약에서 명시된 조건에 따라 화해, 조정 및 중재를 포함하고 소송을 통해 상사 간의 분쟁을 해결하는 경우도 있다. 국제분쟁의 해결에 중재가 자주 선택되는 이유는 중재원의 중립성과 국경을 넘어서 강제력이 있는 특징 때문이다.

여섯째는 다양한 문서작업을 포함한다. 무역계약은 거래를 지원하기 위해 선하증권, 상업송장, 포장명세서, 원산지증명서, 검사증명서, 보험증권, 수출입신고필증 등 다양한 문서를 요구한다. 적절한 문서작업은 통관과 관련한 규정을 준수하고 국경을 넘어 상품의 원활한 흐름을 돕는다.

무역계약은 당사자가 신뢰할 수 있고 명확하고 법적인 보호를 받을 수 있는 상태에서 국경을 넘어 교역할 수 있도록 지원한다. 명확한 의사소통, 무역조건의 이해 그리고 관련 법률 및 규정의 준수는 성공적인 무역계약의 체결에 필수적이다.

2.3.3 무역계약의 법적 성격

무역계약의 법적 성격은 낙성계약, 유상계약, 쌍무계약 및 불요식 계약으로 분류할 수 있다. 첫째, 낙성계약은 일방의 청약에 대한 상대방의 승낙을 의미한다. 무역계약시 수출상과 수입상은 거래대상인 물품을 일정한 조건으로 거래하고자 하는 의사표시를 일방의 당사자가 상대방에게 행하게 된다. 이는 청약에 해당하고 이에 대한 상대방의 거래에 대한 의사표시를 승낙이라고 한다. 이렇게 수출상과 수입상 간의 의사표시의 합치를 낙성계약이라고 하고 이를 통해 매매계약이 성립된다.

둘째, 유상계약이란 수출상과 수입상 간의 대가를 가지는 거래관계를 의미한다. 대가는 수출상의 물품제공이라는 행위에 대한 수입상의 대금지급이라는 대가적 행위를 의미하고 반대로 수입상의 대금지급이라는 행위에 대한 수출상의 계약에 합치하는 물품의 제공이라는 대가적 행위를 의미한다. 따라서 일방의 급부에 대한 상대방의 반대급부를 유상계약으로 본다.

셋째, 쌍무계약이란 무역계약의 체결에 따른 계약 당사자들이 상대방에게 행해야 하는 의무를 나타낸다. 달리 말하면 무역계약에 따라 수출상은 수입상에 대해 계약에 합치하는 물품을 제공해야 하는 의무를 부담하고 수입상은 수출상에 대해 대금을 지급해야 하는 의무를 부담한다. 따라서 쌍무계약은 수출상과 수입상이 무역계약에 따라 상호 의무를 부담하는 것을 의미한다.

넷째, 불요식 계약이란 무역계약이 일정한 형식을 가지고 있지 않다는 것의 의미한다. 무역계약은 계약의 당사자들이 상호 합의된 방식으로 계약을 체결하면 된다. 예를 들면 당사자들이 모든 무역계약에 대해 계약서를 작성하는 것이 관습이라면 당사자 간의 모든 무역계약은 계약서를 작성해야만 정당한 계약으로 인정된다. 그러나 당사자 간의 무역계약이 전화나 대화로 이루어지는 것이 관습이라면 전화나 대화로 계약을 체결한 것도 무역계약으로서 효력을 발생하게 된다. 그러나 전화나 대화로 계약을 체결한 경우 후일의 분쟁을 방지하기 위해 녹음과 같은 증거를 확보할 필요가 있다. 또한 미국통일상법전(Uniform Commercial Code: UCC)이 준거법인 무역계약은 U$500 이상의 거래에 대해 반드시 계약서를 작성하도록 규정하고 있다.

요약하면 무역계약은 물품의 매매계약에 대한 당사자로서 수출상과 수입상이 무역계약조건에 대한 합의를 통해 무역계약을 체결하는 것이다. 무역계약은 매매계약을 의미하고 계약의 내용으로서 무역계약조건에 따른 하위계약으로 무역결제계약, 국제운송계약, 무역보험계약, 상사중재계약 등이 존재한다. 무역계약의 법적 성격은 낙성계약, 유상계약, 쌍무계약 및 불요식 계약으로 나타난다.

2.4 • 무역계약의 체결과정

2.4.1 무역계약의 성립

무역계약은 수출상과 수입상 간의 무역계약조건에 대한 의사의 합치를 통해 성립하게 된다. 그 과정은 다음과 같다.

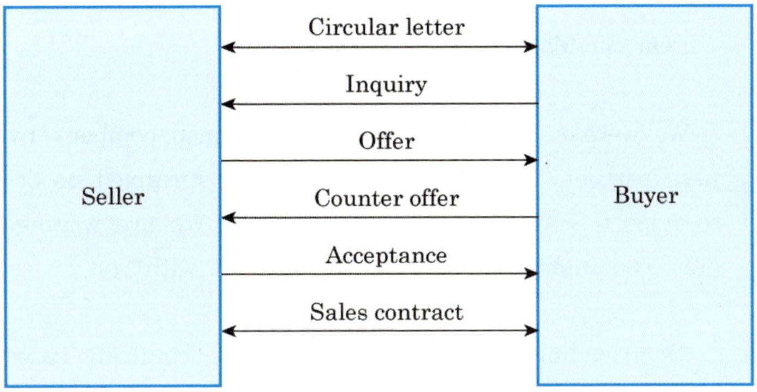

[그림 2-1 무역계약의 성립과정]

[그림 2-1]은 제1장에서 확인한 무역계약절차와 동일하다. 수출상과 수입상은 거래의 권유, 문의, 확정청약, 반대청약, 승낙 및 계약의 체결과 같은 과정을 통해 무역계약을 성립한다. 거래권유를 위해 수출상 또는 수입상은 해외시장조사를 이행한다. 그들은 해외시장에서 기회와 위협을 파악하고 경쟁정도를 분석하여 시장진입의 기회가 있는가를 확인해야 한다. 이를 통해 거래대상기업의 목록을 만들고 이들에게 이메일 등을 통해 거래권유장을 송부하여 무역계약조건을 제시하게 된다.

Circular Letter

Daeyang Fisheries Commercial Co., Ltd.,
Busan, Republic of Korea
Tel. + 82-2-457-5804

Date : April 3, 2025
Reference No. 2025-04-03

ANSO NYLON Co.,Ltd.
82 Church ST., New York, N.Y. 10007, U.S.A

Dear Sir/Madam,

We were recommended to your esteemed company by our business partner, HY Food Co., LTD., who informed us of your plans to import Seasoned Canned Top-Shell. We are writing to express our keen interest in opening an account with you.

As a leading Canned Foods processing company based in Korea, we take pride in our excellent reputation for providing high-quality products at competitive prices, which has garnered us the trust of our customers.

Regarding payment terms, our standard practice is to transact through an irrevocable Letter of Credit (L/C), with drafts drawn at sight.

For verification of our financial standing, we refer you to Shinhan Bank's main office in Seoul, Republic of Korea.

Should you require further information about our products, please visit our website at www.DFC.com, where you can access our latest profile, digital catalogue, and price list.

We anticipate a positive response from you at your earliest convenience.

Sincerely yours,

Daeyang Fisheries Commercial Co., Ltd.,

S.H.Jo

CEO S.H.Jo

이러한 거래의 권유를 받은 상대방(일반적으로 수입상)은 수출상이 제시한 무역계약조건에 대한 문의를 하게 된다. 거래권유장은 일반적으로 카탈로그와 가격표를 포함하고 있고 무역계약조건을 나타낸다. 이에 따라 수입상은 자신이 요구하는 무역계약조건을 수출상에게 제시하고 이에 따른 답변을 기다리게 된다. 수출상은 수입상의 요구를 받고 이에 대한 수용의사를 밝히게 된다. 이러한 문의과정은 한번으로 끝나는 경우도 있고 무역계약조건을 논의하기 위해 다수의 과정을 거치는 경우도 있다.

Inquiry.

ANSO NYLON Co., Ltd.
82 Church ST., New York
N.Y. 10007, U.S.A

Date : April 28, 2025
Reference No. 2025-04-28

Daeyang Fisheries Commercial Co., Ltd.,
1 Centerum, Haeundae-Gu, Busan, Republic of Korea

Dear Sir/Madam,

Thank you for your letter dated April 3, 2025, expressing your interest in opening an account with us for Seasoned Canned Top-Shell.

We are intrigued by the products you mentioned and are open to considering your proposal provided that your products meet the standards of quality and pricing required by our market. We kindly request that you send us samples of your products and provide a quotation based on CIF New York. Should your products prove to be competitive in terms of quality and pricing, we are prepared to place a substantial order.

Regarding our financial status, we would like to refer you to Mellon Bank, New York for verification.

We appreciate your outreach and look forward to your prompt response.

Best regards,

ANSO NYLON Co.,Ltd.

E.M. Forster

Representative/*Mr. E.M. Forster*

수출상은 수입상의 문의에 대해 이를 수용하게 된다면 확정청약을 발행하게 된다. 문의과정에서 수출상과 수입상은 무역계약조건에 대해 합의를 하게 된다. 그러나 양 당사자는 거래대상인 상품에 대한 상호 대립되는 의사가 존재하기 때문에 확정청약의 발행에도 불구하고 수출상은 더 높은 가격으로 상품을 판매하려고 하고 수입상은 더 저렴한 가격으로 상품을 구입하고자 한다. 이에 따라 수출상의 확정청약에 대해 하나 이상의 무역계약조건을 수입상이 변경하는 경우 승낙을 구성하지 못하고 이는 반대청약이 된다. 예를 들면 앞서 말한 바와 동일하게 수입상이 첫 거래 또는 대량구매에 대한 추가적인 할인을 요구하는 경우 가격조건이 변경되는 것이기 때문에 확정청약에 대한 반대청약이 된다. 또한 수입상이 현재 수입국의 시황이 좋아 물품이 급하게 필요한 경우 선적일자를 변경하기를 원할 수 있다. 이러한 경우 선적조건이 변경되었기 때문에 확정청약은 완전히 취소되고 수입상은 새로운 청약인 반대청약을 발행하게 된다.

Offer

Daeyang Fisheries Commercial Co., Ltd.,
1 Centerum, Haeundae-Gu, Busan, Republic of Korea
Tel. + 82-2-457-5804

Date : May 10, 2025

Messer: ANSO NYLON Co.,Ltd.
82 Church St., New York, N.Y. 10007, U.S.A

Gentleman:

In accordance with your inquiry dated 28 April 2025, we are pleased to offer you as follows:

DESCRIPTION	QUANTITY	UNIT PRICE	TOTAL PRICE (Amount)
Canned Top-shell, Seasoned 48 tins/7 oz. per case. Remarks. 1. Inspection made by the seller is final. 2. The label is designed by your request. Marker: Daeyang Fisheries Commercial Co., Ltd., Busan, Republic of Korea	300 Cases	CIF N.Y. US$17.50 per case	US$5,250

Item: Canned Top-shell, Seasoned

Destination: New York, U.S.A

Shipment: During July, 2025

Terms of Payment: Draft at sight under an Irrevocable L/C

Inspection: Seller's final confirmation

Origin: Republic of Korea

Packing: Wooden cases

Validity: The end of June 2025

Remarks: Partial shipment and transshipment allowed

containing 48/7 oz.

per case

※ Canned Top-shell, Seasoned

This contract is really important to both of us, and we would request you to pay irrevocable L/C based on at sight draft. We are awaiting for your acceptance.

Yours faithfully,

Accepted by

Buyer | **Sellers**

S.H.Jo

ANSO NYLON Co.,Ltd.
Daeyang Fisheries Commercial Co., Ltd.
Representative/*Mr. E.M. Forster*

CEO S.H.Jo

여기서 불확정청약은 승낙을 통해 무역계약의 체결로 연결되지 않는다. 불확정청약은 무역계약조건 중 중요한 계약조건이 포함되지 않은 경우 이를 불확정청약으로 본다. 예를 들면 청약에 승낙기간이 포함되어 있지 않다면 이는 불확정청약으로 볼 수 있다. 만일 피청약자가 승낙기간이 없는 오퍼를 받은 날로부터 1년 후 또는 10년 후 승낙을 할 경우 이를 무역계약의 체결로 본다면 청약자는 이미 동 제품의 생산을 종료한 경우도 있어 피해를 볼 수 있다. 이러한 경우에 발생할 수 있는 선의의 피해를 줄이기 위해 불확정청약은 피청약자의 승낙에 대한 청약자의 확인이 있어야 계약이 성립된 것으로 볼 수 있다. 달리 말하면 불확정청약은 청약의 유인으로 보고 이에 대한 피청약자의 승낙을 확정청약으로 간주한다. 또한 피청약자의 승낙에 대한 청약자의 확인을 유효한 청약에 대한 승낙으로 볼 수 있다. 그러나 무역은 장기간의 거래를 목적으로 하기 때문에 일반적으로 첫 거래의 경우 상기와 같은 무역계약조건에 대한 논의를 이행하지만 장기적인 계약의 경우 일반거래조건협정서에 합의를 하고 이에 따른 주문은 주문서를 통해 간단하게 진행하게 된다.

Counter Offer

ANSO NYLON Co.,Ltd.
82 Church ST., New York
N.Y. 10007, U.S.A

Date: 15 May 2025
Reference No. 2020-05-15

Dear Sir/Madam,

We acknowledge receipt of your letter dated May 10, along with the offer of 300 cases of Seasoned Canned Top-Shell and the accompanying samples.

We are pleased to inform you that the samples you provided have met our expectations and left a positive impression on us. However, upon reviewing the pricing, we find it to be on the higher side compared to your competitors.

As previously mentioned in our inquiry dated April 28, we have the capacity to import these products in large quantities if the pricing is competitive enough to appeal to our customer base. Therefore, we kindly request that you consider offering a discount of up to U$17 per case, amounting to a total of U$5,100 for the entire order.

We trust that you are aware of the competitive nature of the market and the importance of building a strong and mutually beneficial relationship for future collaboration. Offering a discount on the initial order would greatly contribute to fostering this relationship.

Thank you for your understanding, and we look forward to your favorable response.

Best regards,

ANSO NYLON Co.,Ltd.
Representative/Mr. E.M. Forster
E.M. Forster

이와 유사하게 조건부 청약이 있다. 이는 청약의 내용에 일정한 조건이 포함되어 있어 동 조건이 달성되어야만 유효한 오퍼가 된다. 예를 들면 반품허용 조건부 청약(Offer subject to sale or return)은 청약자와 피청약자가 물품의 위탁판매계약을 체결하고 물품을 먼저 보내게 된다. 동 물품을 일정기간(예를 들면 1년) 동안 보세창고에 보관하면서 피청약자가 물품을 판매하고 매달 판매된 물품의 대금을 청약자에게 결제하게 된다. 그리고 동 기간이 종료하게 되면 남은 물품을 청약자에게 반환하게 된다.

점검매매조건부 청약(Offer on approval)은 수출상이 수입상에게 물품의 품질 등을 확인하게 하여 매매계약의 승낙여부를 결정할 수 있도록 청약을 발행한 것이다. 이는 청약자가 계약체결 전에 물품을 수입국의 보세창고로 송부하여 피청약자가 동 상품을 점검하고 품질 등에 만족할 경우 매매계약을 체결하는 것을 의미한다. 만일 피청약자가 물품점검 후 품질 등에 만족하지 못하는 경우 계약은 체결되지 않고 물품은 청약자에게 반환된다.

최종확인조건부 청약(Offer subject to final confirmation)은 청약자가 청약을 발행하여 피청약자가 승낙을 하여도 청약자의 최종확인이 있어야 매매계약이 성립하는 것이다. 청약자가 발행한 청약은 청약의 유인에 해당하고 피청약자의 승낙은 확정청약에 해당한다. 이 경우 청약자의 최종확인은 승낙을 구성하여 최종적으로 매매계약이 성립하게 된다.

재고보유 조건부 청약(Offer subject to being unsold)은 청약자의 청약에 대해 피청약자의 승낙이 있더라도 청약자의 상품의 재고가 있을 경우에만 승낙이 유효한 매매계약을 구성하게 된다. 이는 청약자의 상품에 대한 세계적인 수요가 많아 재고가 부족한 경우 발행하는 청약이다. 청약자는 청약을 발행한 시점에 재고를 보유하고 있었지만 피청약자의 승낙 시점에 재고가 없다면 동 청약은 유효하지 않은 청약이 된다.

선착순 판매조건부 청약(Offer subject to prior sale)은 청약자의 청약에 대해 피청약자의 승낙이 청약자에게 도달하는 순서대로 무역계약이 체결된다는 것을 의미한다. 달리 말하면 피청약자의 승낙이 도달한 시점에 청약자의 재고가 없다면 동 승낙은 무역계약을 구성하지 못하게 된다.

시장가격변동 조건부 청약(Offer subject to market fluctuation)은 청약자의 물품에 대한 국제적인 시세가 변동이 심한 경우 청약자가 가격변동을 반영하기 위해 피청약자에게 시장가격의 변동시 가격이 변동될 수 있다는 조건을 제시한 오퍼이다. 특히 제품의 국제적인 시세가 올라갈 경우 청약자는 상승한 가격을 제품가격에 반영하기 위해 시장가격변동 조건부 청약을 발행하여 피청약자에게 시장가격의 변동에 대한 위험을 부담하게 한다.

2.4.2 확정청약의 효력발생 시점

확정청약의 효력발생의 시점은 청약자의 확정청약이 피청약자에게 도달한 시점을 그 효력의 발생시점으로 본다. 확정청약은 그 내용에서 정해진 방법(예를 들면 우편 등)으로 피청약자에게 도달해야 하고 그렇지 않을 경우 동 확정청약은 효력이 발생하지 않는다. 따라서 확정청약은 도달주의를 채택하고 있다.

2.4.3 확정청약의 효력소멸

확정청약의 효력소멸의 사유는 취소와 철회가 있다. 확정청약의 취소와 철회는 일방의 확정청약에 대한 취소나 철회를 의미한다. 이를 비교하면 다음과 같다.

청약의 철회(revocation)는 확정청약이 발행되었을 경우 철회의 의사표시가 확정청약보다 먼저 또는 동시에 피청약자에게 도달하는 경우 동 청약은 철회된다. 청약의 취소(cancellation)는 확정청약이 피청약자에게 도달하여 효력을 발생하고 있는 과정에서 피청약자가 승낙을 청약자에게 발행하기 전에 확정청약에 대한 취소가 피청약자에게 도달한다면 확정청약을 취소할 수 있다. 따라서 청약의 철회는 청약이 발행된 이후 피청약자에게 도달하기 전에 청약이 철회되는 것을 의미한다. 반면에 청약의 취소는 확정청약이 이미 피청약자에게 도달하여 효력이 발생한 상태에서 피청약자의 승낙이 발행되기 전에 청약자가 확정청약을 취소하는 것을 의미한다.

청약자의 청약에 대해 피청약자가 이를 거절한다면 확정청약은 소멸된다. 피청약자의 확정청약에 대한 거절은 청약자에게 도달해야 효력이 발생한다. 또한 청약자의 확정청약에 대해 무역계약조건의 일부만을 승낙하고 청약의 내용 중 일부를 변경한다면 이는 반대청약이 된다. 반대청약은 확정청약을 거절하고 새로운 확정청약을 발행하는 것이다. 또한 무역계약의 당사자가 사망한다면 행위의 주체가 없어지기 때문에 확정청약은 효력을 상실하게 된다. 무역계약에서 당사자의 사망이란 기업의 파산을 의미한다. 이에 추가해서 확정청약에서 포함하고 있는 무역계약조건이 이행불능이나 후발적 위법이 발생한 경우 동 확정청약은 효력을 상실한다. 예를 들면 확정청약의 발행 이후 수출국이 동 제품에 대한 수출을 금지한다면 후발적 위법이 발생한 경우이고 확정청약의 발행 이후 수출국이나 수입국에서 전쟁이 발생한 경우 이행불능이 되어 동 확정청약은 효력을 소멸하게 된다. 마지막으로 확정청약은 무역계약조건과 함께 승낙의 기간이 명시적으로 나타난다. 이에 따라 정해진 승낙의 기간이 경과한 경우 동 청약은 효력을 상실하게 된다. 만일 유효기간이 경과한 확정청약에 대해 피청약자가 승낙을 한다면 동 승낙은 확정청약이 되고 이러한 승낙에 대해 청약자가 확인을 한다면 유효한 계약이 성립된다.

2.4.4 승낙

승낙은 청약자의 청약에 포함된 무역계약조건에 대해 완전하게 일치하도록 계약을 성립하겠다는 피청약자의 의사표시를 의미한다. 우리나라는 승낙에 대해 도달주의를 채택하고 있다. 달리 말하면 대화, 전화, 텔렉스, 이메일 등은 승낙이 거래 상대방에게 도달한 경우 승낙이 효력을 발생하게 된다. 이메일의 경우 발신과 동시에 도달한 것으로 본다. 그러나 격지 간의 우편 및 전보는 발신주의를 채택하고 있다. 이는 상대방인 청약자가 이미 내용을 인지하고 있기 때문에 발신주의를 인정하고 있는 것이다. 또한 피청약자가 승낙을 하지 않고 계약의 유효기간 내에 관행상 계약의 내용을 이행한 경우 이는 행위에 의한 승낙의 의사표시로 간주한다.

승낙의 통지는 청약에서 승낙에 대한 방법이 기재된 경우 승낙자는 이와 동일한 방법으로 승낙을 이행해야 유효한 승낙이 된다. 만일 그러한 방법이 청약에 포함되어 있지 않은 경우 승낙자는 청약과 동일한 방법으로 승낙을 한다면 이는 유효한 승낙으로 간주된다. 또한 승낙자가 청약과 동일한 방법으로 승낙하는 것이 불가능한 경우 합리적인 방법을 통해 승낙을 한다면 유효한 승낙이 된다.

승낙은 청약자에게 도달해야 효력이 발생한다. 달리 말하면 승낙은 거래의 상대방에게 도달하기 전에 승낙을 철회한다면 유효한 철회로 간주된다. 그러나 승낙은 취소될 수 없다. 그 이유는 승낙이 상대방에게 도달하면 즉시 무역계약이 성립하기 때문에 이 경우 승낙의 취소가 아닌 무역계약의 취소가 된다.

Acceptance

Daeyang Fisheries Commercial Co., Ltd.
1 Centerum, Haeundae-Gu, Busan, Republic of Korea
Tel. + 82-2-457-5804

Date : May 17, 2025
Reference No. 2020-05-17

Dear Sir/Madam,

We are writing to formally accept your counter offer dated May 15 for the Seasoned Canned Top-Shell at the agreed price of US$5,100, CIF New York.

To finalize this transaction, we have enclosed our Sale Note No.237 in duplicate with this letter. Kindly sign both copies and return the duplicate to us at your earliest convenience.

We are excited about this collaboration and look forward to establishing a successful partnership with an initial order that benefits both parties.

Thank you for your attention to this matter.

Best regards,

Daeyang Fisheries Commercial Co., LTD.
S.H.Jo
S.H.Jo
CEO and President

Sale Contract

Daeyang Fisheries Commercial Co., LTD.
1 Centerum, Haeundae-Gu, Busan, Republic of Korea
Tel. + 82-2-457-5804
Sales Contract

Date : May 23, 2025
Contract No. 237

MESSERS. ANSO NYLON Co., Ltd.
82 Church ST., New York, N.Y. 10007, U.S.A

We, Daeyang Fisheries Commercial Co., Ltd., as Seller, hereby agree to sell you, as Buyer, the following goods subject to the terms and conditions hereinafter set forth and on the reverse side hereinafter:

DESCRIPTION	QUANTITY	UNIT PRICE	TOTAL PRICE (Amount)
Canned Top-shell, Seasoned 48 tins/7 oz. per case. Remarks 1. Inspection made by the seller is final. 2. The label is designed by your request. Marker: Daeyang Fisheries Commercial Co., Ltd., Busan, Republic of Korea	300 Cases	CIF N.Y. US$17 per case	US$ 5,100

Item: Canned Top-shell, Seasoned
Destination: New York, U.S.A
Shipment: During July, 2025
Terms of Payment: Draft at sight under an Irrevocable L/C
Inspection: Seller's final confirmation
Origin: Republic of Korea
Packing: Wooden cases
Remarks: Partial shipment and transshipment allowed
containing 48/7 oz.

per case

Please sign and return the duplicate.

Accepted by

ANSO NYLON Co.,Ltd.
Representative/Mr. E.M. Forster

E.M. Forster

Daeyang Fisheries Commercial Co.,
LTD./CEO S.H.Jo

S.H.Jo

2.4.5 무역계약의 취소와 철회

무역계약의 취소는 일반적으로 일방의 당사자가 무역계약을 체결하기 전에 제안된 무역계약조건이나 계약을 취소하는 것을 의미한다. 예를 들어 상품을 주문했지만 아직 출하되지 않았거나 결제가 이루어지지 않았을 때 주문을 취소하는 것을 포함한다. 무역계약의 취소는 보통 계약이 성립되기 전에 이루어진다. 이와는 달리 무역계약의 철회는 이미 무역계약이 체결된 후에 일방의 당사자가 합의를 철회하는 것을 의미한다. 예를 들어 이미 상품이 출하되었거나 결제가 이루어진 후에 수입상이 거래를 철회하는 경우를 말한다. 무역계약의 철회는 이미 거래가 진행 중이거나 완료된 상태에서 이루어진다. 따라서 무역계약의 철회는 보통 양측의 합의가 필요하다. 특히 이미 상품이 운송되거나 결제가 이루어진 경우에는 추가적인 협의가 필요하다. 따라서 무역계약의 취소는 일방적으로 거래 제안이 취소되는 것을 의미하며 보통은 계약이 성립되기 전에 이루어진다. 반면에 무역계약의 철회는 이미 거래가 진행 중이거나 완료된 상태에서 일방이 무역계약을 철회하는 의사표시를 하는 것을 의미하며 이 경우에는 양측의 합의가 필요하다.

chatgpt에게 물어본 무역계약의 철회와 취소 간의 차이점

무역에서의 계약 취소와 계약 철회를 구별하는 방법은 각각의 특정 맥락과 함의를 이해하는 것입니다. 다음은 두 가지 사이의 차이점을 구분하는 방법입니다:

계약 취소 (Cancellation of Contract):

정의: 계약 취소는 형성된 계약을 한 쪽 또는 양쪽 모두가 해지하는 것을 의미합니다.

시작: 계약 취소는 비이행, 계약 위반, 상호 합의, 계약에서 명시된 특정 해지 조항 등 다양한 이유로 시작될 수 있습니다.

법적 결과: 계약 취소는 종종 법적 결과를 동반합니다. 특히 일방이 타당한 이유 없이 계약을 취소하거나 계약에서 명시된 취소 조항을 위반할 경우 손해 배상 책임이 발생할 수 있습니다.

타이밍: 계약 취소는 계약이 합의되고 효력이 발생한 후에 발생하지만, 계약이 체결된 후 여러 단계에서 발생할 수 있습니다.

계약 철회 (Withdrawal of Contract):

정의: 계약 철회는 특정 기간 내에 어느 한 쪽이 계약을 철회하거나 해지하는 권리를 의미합니다.

시작: 계약 철회는 주로 소비자 보호 법률에 따라 주어지는 권리로, 거래의 종류에 따라 체결된 계약 내에서 철회 권리가 정해집니다.

법적 결과: 계약 철회 권리는 법과 규정에 의해 지원되며, 불공정한 행위로부터 당사자를 보호하거나 중요한 판단을 재고할 수 있는 기회를 제공하기 위한 것입니다.

타이밍: 계약 철회는 일반적으로 계약이 체결된 후 곧바로 발생하며, 소비자 보호 조치와 관련된 특정 유형의 계약에서 주로 나타납니다.

요약하면, 주된 차이점은 해지의 이유, 법적 영향, 그리고 행동의 타이

밍에 있습니다.

계약 취소는 계약 내에서 명시된 특정 이유나 상호 합의에 따라 시작되며, 법적 결과와 책임을 동반합니다.

계약 철회는 법적으로 주어진 권리로, 특정 기간 내에 계약을 철회할 수 있는 권리를 제공하며, 소비자 보호 조치와 관련이 있습니다.

CHAPTER

3

국제물품매매법

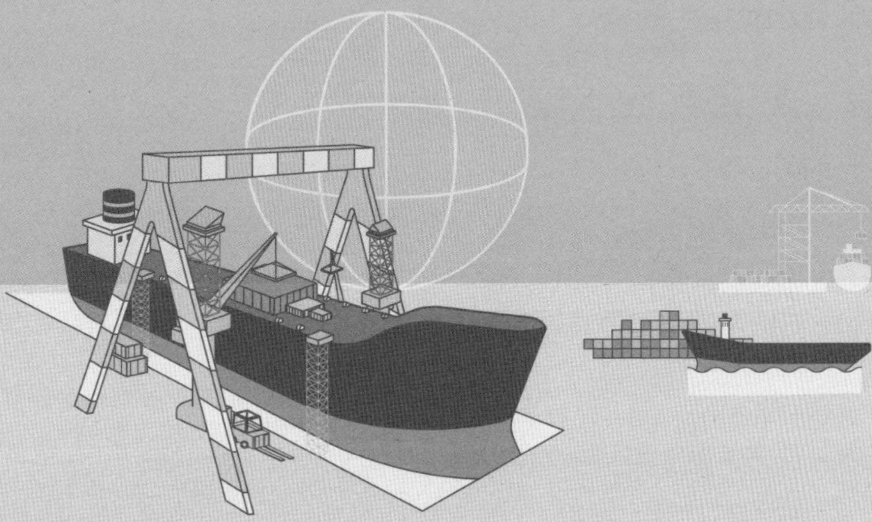

Chapter

3 | 국제물품매매법

3.1 • 서론

국제물품매매법은 국제적으로 상품을 매매하는 과정에서 발생할 수 있는 법적인 문제를 규정하고 해결하는 법률체계를 의미한다. 국제물품매매법은 다양한 국가 간에 상품거래가 이루어지는 무역에서 중요한 역할을 한다. 국제물품매매법은 대부분 상법의 일부로 구성되고 일반적으로 다음과 같은 주요 측면을 다룬다.

첫째는 무역계약의 체결과 무역계약조건이다. 국제물품매매법은 상품매매계약의 체결과 관련된 사항을 규정한다. 이는 제안, 승인, 거절, 조건부 승인 등의 과정을 다루며, 무역계약이 유효하고 구체적인 조건을 충족해야 한다는 것을 나타낸다.

둘째는 가격조건으로서 무역조건의 해석에 관한 국제규칙(International Rues for the Interpretation of Trade Terms: INCOTERMS)이다. 국제물품매매법에는 무역계약에서 당사자들의 위험과 비용의 분기점과 상품의 인도시점을 포함하는 INCOTERMS라는 국제적으로 인정된 거래규칙을 포함한다. 이는 거래 당사자 간의 책임과 의무를 명확히 하고 상품의 운송 및 인도의 시점을 효율적으로 관리하기 위해 사용된다.

셋째는 무역대금의 결제에 대한 국제규칙으로 화환신용장에 대한 통일규칙(Uniform Customs and Practices for Commercial Documentary Credit: UCP)이다. 국제물품매매법은 무역대금의 지급방법, 지급시기, 환율 등을 규정하여 거래 당사자 간의 금전적인 측면을 규율한다.

넷째는 상품의 품질 및 보증이다. 무역계약은 상품의 품질, 하자 보증, 환불 정책 등과 관련된 사항에 대한 법적 책임을 규정한다. 이러한 상품의 품질은 공인된 검사기관의 검사증명서를 통해 확인할 수 있고 동 내용은 무역계약서에 포함되어야 한다.

다섯째는 분쟁의 해결에 대한 내용이다. 무역거래의 당사자 간에 분쟁이 발생할 경우 국제물품매매법은 분쟁의 해결을 위한 절차와 방법을 제공한다. 이는 중재, 소송 등의 방법을 포함할 수 있다.

국제물품매매법은 무역에서 안정적이고 효율적인 거래를 위해 필수적으로 요구된다. 이는 국제상거래의 투명성과 신뢰성을 유지하고 분쟁이 발생할 경우 효과적인 해결을 도모하기 위해 국제적인 표준을 제공한다. 예를 들면 INCOTERMS, UCP 등과 같은 국제사법은 국제상업회의소에 의해 만들어졌고 시대의 변화를 반영하여 지속적으로 변경되고 있다.

3.2 • 국제물품매매법의 동향

3.2.1 국제물품매매법의 원칙

국제물품매매법은 다양한 원칙에 근거하여 구성되어 있으며, 이러한 원칙들은 무역 및 국제물품매매에서의 상호작용을 조절하고 안정성을 유지하는 데 중요한 역할을 한다. 주요한 국제물품매매법의 원칙은 다음과 같다.

첫째는 당사자들의 의무이행의 원칙이다. 무역계약의 당사자들은 무역계약에서 규정한 의무를 성실히 이행해야 한다. 이는 무역계약의 조건 및 합의사항을 준수하고, 무역계약서에 명시된 물품인도의 기간과 품질을 준수해야 한다는 것을 의미한다.

둘째는 당사자들이 신의성실의 원칙을 준수해야 한다. 무역계약의 당사자들은 상호 협력하여 계약을 성실히 이행해야 한다. 양측은 상대방의 합리적인 기대에 부응해야 하고 부정한 행위를 자제해야 한다.

셋째는 당사자들이 의무이행의 원칙을 지켜야 한다. 거래 당사자들은 상호 간의 공정한 대가의 교환을 기대할 수 있어야 한다. 이는 상품의 품질 등이 계약에 기초해야 하고 무역대금의 결제방식이 계약에 기초해서 합리적으로 이행되어야 한다는 것을 의미한다.

넷째는 당사자 간의 분쟁해결의 원칙이다. 무역거래 당사자들은 분쟁의 발생 시 합의된 절차에 따라 분쟁을 해결해야 한다. 이는 화해, 조정 및 중재 또는 소송 등의 절차를 포함한다.

다섯째는 당사자들이 절차적 공정성의 원칙을 따라야 한다. 분쟁의 발생시 당사자들은 분쟁을 해결하기 위한 절차를 공정하고 투명하게 진행해야 하며 모든 당사자에게 동등한 기회가 부여되어야 한다.

여섯째는 당사자들이 계약에 따른 의무를 이행해야 한다. 무역계약의 당사자들은 계약의 이행을 위해 각자의 의무를 평가하고 조정해야 한다.

일곱째는 당사자들이 물품의 인도와 이와 관련한 안전조치를 취해야 한다. 무역거래에서 당사자들은 상품의 안전성과 품질에 대한 책임이 있다. 이는 제품의 생산, 운송, 보관 등의 모든 단계에서 안전한 조치를 취해야 함을 의미한다.

이러한 국제물품매매법의 원칙들은 거래의 안정성과 신뢰성을 유지하며, 상호 간의 공정한 거래를 촉진하기 위해 중요한 역할을 한다. 이러한 원칙들은 무역협약이나 국제기구에서 정한 규칙에 근거하여 구체화될 수 있다.

무역계약은 당사자 자치의 원칙을 기초로 체결된다. 이는 무역계약에 적용되는 국제사법이나 규칙이 당사자 간의 합의를 최우선으로 적용한다는 것을 의미한다. 달리 말하면 무역계약의 당사자들은 무역계약을 규율하기 위한 국제사법을 합의하고 동 법규에 의해 규정하지 못하는 부분에 대해 당사자 간의 합의를 통해 이를 무역계약에 적용하게 된다.

국제무역에 적용되는 국제사법은 다양하게 존재한다. 이는 국제연합(United Nation: UN)이나 국제상업회의소(International Chamber of Commerce: ICC)를 포함하는 국제기구 등이 만든 규칙들을 포함한다. 이러한 측면에서 국제사법은 다양하게 존재하고 지역에 따라 다른 내용을 포함할 수 있다. 예를 들면 영국의 물품매매법(Sales of Goods Act: SGA)의 FOB, INCOTERMS 2020의 FOB 및 미국의 개정미국무역정의(Revised America Foreign Trade Definitions: RAFTD)의 FOB는 유사한 측면과 다른 측면을 포함한다. 따라서 무역과 관련한 국제규칙은 국내법을 근거로 하기도 하고 국제기구에서 규정한 것도 있어 무역업자들은 이들에 대한 이해를 통해 오해와 분쟁의 소지를 최소화해야 한다.

현재 무역에 적용되는 법체계는 영미법계와 대륙법계로 분류할 수 있다. 영미법계는 불문법체계를 기초로 하고 있고 이는 법률(Law)의 관점보다는 법체계(Code or Rule)로 볼 수 있다. 달리 말하면 영미법계 국가의 법률은 신법이 만들어질 경우 구법이 존재하고 신법이 새롭게 부가되는 것을 의미한다. 이와는 달리 대륙법계는 성문법체계를 의미한다. 이는 분명한 법률이 존재하고 동 법률을 기초로 당사자들이 행동하게 된다. 예를 들면 대륙법계 국가는 신법이 제정되면 구법은 삭제되고 신법만이 존재하게 된다. 이러한 법체계의 복잡성과 다양성으로 인해 무역에 적용되는 국제사법은 영미법계와 대륙법계의 조화를 통해 무역의 당사자들이 안정적인 기반 위에 거래를 이행할 수 있도록 조화를 취하고 있다.

3.2.2 국제물품매매법의 발전

국제물품매매법은 시간의 흐름에 따라 무역의 변화와 요구에 부응하여 발전해 왔다. 그 발전 과정은 다음과 같다.

고대에는 무역이 주로 국경을 넘지 않았고 국제적인 법적 체계가 존재하지 않았다. 무역은 개별적인 협상에 의해 이루어졌으며 물품의 운송 및 거래조건은 당사자 간의 합의에 따라 이행되었다. 중세시대에는 무역이 활발해지면서 상업법과 무역과 관련한 규정이 발전했다. 하지만 국제적인 표준은 없었으며 상업법은 주로 국가나 지역의 관습법에 의해 규제되었다. 근대시대는 산업혁명과 함께 무역이 급격하게 증가하면서 무역에 대한 법적 규율의 필요성이 대두되었다. 이에 따라 국제적인 무역법의 체계가 구축되기 시작했다. 1930년에 케임브리지 국제무역법협회(International Law Association)에서 발표된 '국제무역법 특별 보고서'는 국제무역법의 초기 형성에 큰 기여를 했다. 제1차 세계대전 이후 무역은 더욱 확대되었고 국제적인 거래의 안정성과 투명성이 중요시되었다. 이에 따라 국제적인 무역법체계가 발전되었다. 제2차 세계대전 이후 국제적인 무역법체계를 정착시키기 위해 다양한 국제조직이 설립되었다. 가장 유명한 국제무역법 조직 중 하나는 유엔국제무역법위원회(UNCITRAL)이다.

UNCITRAL은 국제적인 무역법의 표준화와 개선을 목표로 1966년에 설립되었으며, 국제무역법의 발전에 큰 역할을 했다. 현재에는 무역의 급격한 증가와 디지털화, 글로벌 서비스산업의 발전 등에 따라 국제무역법은 계속해서 발전하고 있다. 국제무역법은 이러한 변화에 부응하여 더욱 유연하고 효과적인 방향으로 발전해 나가고 있다. 또한 지속적인 국제협력을 통해 국제무역법의 표준화와 발전이 이루어지고 있다.

3.3 비엔나협약

3.3.1 비엔나협약의 구성

비엔나협약은 전문, 본문 및 후문을 포함한 101개의 조항으로 구성되어 있다. 전문은 적용범위와 총칙을 포함하고 있고 본문은 계약의 성립과 물품의 매매를 다루고 있고 후문은 최종규정으로 협약의 발효에 필요한 절차 및 유보선언을 포함하고 있다.

3.3.2 비엔나협약의 적용범위

비엔나협약(United Nations Convention on Contracts for the International Sale of Goods: CISG)은 국제적인 상품의 매매계약에 대한 법률을 규율하는 국제조약이다. 이 협약은 1980년에 비엔나에서 채택되었으며 2022년 기준 94개국이 가입하고 있다.

비엔나협약은 다음과 같은 범위에서 적용된다. 비엔나협약은 국경을 넘어 이행되는 상품의 매매계약에 적용된다. 또한 동 협약은 재화의 매매에만 적용된다. 달리 말하면 비엔나협약은 상품의 판매와 구매에 관련된 무역계약에만 적용되며 서비스나 노동과 같은 다른 형태의 계약에는 적용되지 않는다.

비엔나협약은 무역계약의 당사자가 비엔나협약의 가입국에 속하는 경우에 적용된다. 즉 수출상이나 수입상 모두 또는 한 당사자가 비엔나협약의 가입국에 속하는 경우에 동 협약이 적용된다. 그러나 당사자들은 비엔나협약의 적용을 배제할 수 있다. 무역계약서에 명시적으로 배제할 의사를 표명하거나 배제 가능성이 있는 특정 국가의 법률을 적용할 경우 비엔나협약의 배제가 가능하다. 따라서 비엔나협약은 국제적인 상품의 매매계약에 대한 일관된 법적 기준을 제공하여 국제상거래의 효율성을 향상시키고 다양한 국가 간의 무역계약에서 발생가능한 법적 불확실성을 감소시키는 데 목적이 있다.

요약하면 비엔나협약은 무역계약의 당사자들의 영업소가 모두 체약국 내에 있거나, 국제사법의 원칙상 체약국의 법률이 적용되는 무역거래의 경우 및 무역계약의 당사자들이 합의를 통해 적용되는 준거법이 체약국의 법일 때 당사자들이 비엔나협약의 적용을 명시적으로 배제하겠다는 내용을 무역계약서에 표시하지 않은 한 비엔나협약을 적용하게 된다.

3.3.3 비엔나협약의 적용이 배제되는 경우

다음과 같은 경우 비엔나협약은 적용되지 않는다. 첫째, 비엔나협약은 당사자들이 체약국에 소속되어 있고 동 체약국의 법률이 무역계약의 준거법인 경우에 적용된다. 따라서 양 당사자들 모두가 비엔나협약에 가입하지 않은 국가에 포함된 경우에는 동 협약이 적용되지 않는다. 둘째, 비엔나협약은 유체동산의 매매에만 적용된다. 따라서 서비스나 노동과 관련된 계약은 비엔나협약의 범위에 포함되지 않는다. 셋째, 비엔나협약은 상업적인 목적을 가진 상품의 매매계약에 적용된다. 소비자 간 상품의 매매계약에는 비엔나협약이 적용되지 않는다. 넷째, 비엔나협약은 상업적인 목적을 가진 상품의 매매계약에 적용되기 때문에 주택의 매매계약에는 적용되지 않는다. 다섯째, 정부조달과 같은 공공구매계약은 비엔나협약의 적용범위에 들어가지 않는다. 여섯째, 무역계약의 당사자들은 계약서에 동 협약의 배제와 관련한 조항을 포함시킬 수 있다. 이는 비엔나협약의 적용을 명시적으로 배제하는 것을 의미한다. 따라서 비엔나협약은 개인용, 가족용, 가사용으로 구입되는 물품의 매매, 경매에 의한 매매, 강제집행 또는 기타 법률 상의 권한에 의한 매매, 주식, 지분, 투자증권, 유통증권 또는 통화의 매매, 선박, 부선 또는 항공기의 매매 및 전기의 매매에는 적용되지 않는다.

3.3.4 비엔나협약에서 수출상의 의무

비엔나협약은 수출상에 대한 의무가 명시되어 있다. 이러한 의무는 상품의 매매계약에서 수출상이 이행해야 하는 기본적인 요소들을 의미한다. 수출상의 주요한 의무는 다음과 같다.

첫째, 수출상은 수입상에게 제공하는 상품이 무역계약에서 정해진 조건과 사양에 부합하는 상품을 제공해야 하고 상품 자체의 적절성과 품질을 보장해야 한다. 이는 상품이 수입상의 목적에 부합하며 상용 가능한 품질과 특성을 가지고 있어야 함을 의미한다.

둘째, 수출상은 무역계약에서 정한 시간과 장소에 상품을 인도해야 한다. 이는 적절한 포장과 라벨링을 포함하여 상품이 정확한 시간과 장소에 수입상에게 인도되도록 보장해야 함을 의미한다.

셋째, 수출상은 필요시 수입상에게 필요한 도움과 협조를 제공해야 한다. 이는 관련 문서 작성, 관세 및 세금 처리, 운송 및 보험 등과 같은 분야에서의 지원을 포함한다.

넷째, 수출상은 상품이 전달되는 과정에서 상품의 손실이나 손상을 방지하기 위해 합리적인 조치를 취해야 한다. 수출상은 상품의 운송 도중 멸실 및 손상을 방지하기 위해 안전한 포장 및 보호를 이행해야 한다.

다섯째, 수출상은 상품과 관련된 필요한 문서를 제공해야 한다. 이는 상업송장, 운송서류, 원산지증명서 등과 같은 문서들을 포함한다. 따라서 수출상은 소유권 이전의 의무, 물품인도의 의무, 물품의 특정의무, 운송주선의 의무, 보험의 부보에 필요한 정보제공의 의무, 서류인도의 의무, 무역계약과 일치하는 물품을 제공할 의무 등을 이행해야 한다.

3.3.5 비엔나협약에서 수입상의 의무

수입상의 주요한 의무는 다음과 같다. 첫째, 수입상은 무역계약에서 정한 조건에 따라 상품의 대금을 수출상에게 지급해야 한다. 이는 무역계약에 따라 수입상이 정해진 기간 내에 정확한 금액을 지급하는 것을 의미한다.

둘째, 수입상은 상품이 정확한 시간과 장소에 도착했을 때 상품을 수령하고 검수해야 한다. 수입상은 상품이 무역계약에서 정한 사양과 조건을 충족하는지 확인하고 필요한 경우에는 불량품을 거부해야 한다.

셋째, 수입상은 상품과 관련된 서류를 확인하고 필요한 조치를 취해야 한다. 이는 수입상이 상업송장, 운송서류, 보험증권 등과 같은 서류를 정확하게 검토하고 필요한 경우에 무역계약 또는 신용장의 내용과 불일치하는 서류에 대해 수출상에게 수정을 요청하는 것을 의미한다.

넷째, 수입상은 상품이 무역계약과 일치하지 않거나 문제가 발생했을 경우 즉시 수출상에게 통지해야 한다. 불일치에 대한 합의가 이루어지지 않을 경우 수입상은 준거법에 따라 적절한 조치를 취해야 한다.

다섯째, 수입상은 필요한 경우 상품의 통관절차나 관련된 관세 및 제세 등의 처리를 위한 조치를 취해야 한다. 이는 수입상이 관련 법규를 준수하고 상품을 수입하는 과정에서 발생할 수 있는 문제를 해결해야 한다는 것을 의미한다. 따라서 수입상은 대금지급의 의무, 물품에 대한 인수의 의무, 물품검사 및 통지의 의무 등을 이행해야 한다.

3.4 • 일반거래조건협정서

chatgpt에게 문의한 일반거래조건협정서
일반거래조건협정서

1. 정의
1.1 "수출상"은 상품을 판매하는 당사자를 의미한다.
1.2 "수입상"은 상품을 구매하는 당사자를 의미한다.
1.3 "상품"은 판매자와 구매자 간에 거래되는 제품이나 물품을 의미한다.

2. 가격 및 결제 조건
2.1 상품의 가격은 수출상과 수입상 간에 서면으로 합의된 대로 적용된다.
2.2 통화, 결제방법 및 만기일을 포함한 결제조건은 계약서나 송장에 명시된다.

3. 배송 조건
3.1 배송 조건(예: EXW, FOB, CIF)은 계약서에 명시되어 있으며 각 당사자의 운송, 보험 및 운송 중 손실 위험에 대한 책임을 결정한다.
3.2 배송 지연이 발생할 경우 즉시 통보되며, 당사자들은 합리적인 해결책을 찾기 위해 협력해야 한다.

4. 품질 및 검사

4.1 상품은 합의된 사양, 품질 기준 및 수량에 부합해야 한다.

4.2 상품에 대한 선적 전 검사를 요청할 수 있으며, 검사 비용은 합의된 대로 부담해야 한다.

5. 손실 위험 및 소유권

5.1 상품의 손실 또는 손상 위험은 합의된 인도 조건에 따라 수출상으로부터 수입상에게 이전된다.

5.2 상품의 소유권은 전액 결제 후에 수입상에게 이전되며, 서면으로 합의된 경우를 제외하고는 다르게 정해질 수 없다.

6. 보증 및 책임

6.1 수출상은 상품이 재료 및 제조 공정에서의 결함이 없음을 보증해야 한다.

6.2 각 당사자의 책임은 상품 가치로 제한되며, 고의적인 불성실 행위에 따른 간접 손해를 제외하고는 연쇄적인 손해에 대한 책임이 없다.

7. 불가항력

7.1 양 당사자는 자연재해, 전쟁 또는 정부 조치와 같은 합리적인 통제 범위를 벗어난 원인에 의한 실패나 지체에 대한 책임을 지지 않는다.

8. 법령 및 분쟁 해결

8.1 이 계약은 [주관 법령을 명시]에 따라 규정되고 해석된다.

8.2 이 계약으로 인한 분쟁은 선량한 협상을 통해 해결되어야 한다. 협상에 실패할 경우 계약서에 명시된 [중재/조정/법원 관할권]에 따라 해결된다.

9. 기밀성

9.1 양 당사자는 거래 과정에서 공개된 정보 또는 민감한 정보를 기밀로 유지하기로 합의한다.

9.2 이 기밀성 의무는 계약의 종료 또는 만료 후에도 유지된다.

10. 기타

10.1 이 계약의 모든 수정은 서면으로 하고 양 당사자의 허가를 받아야 한다.

10.2 이 계약은 양 당사자 간의 모든 이해관계를 대체하며, 이전의 서면 또는 구두로 된 합의를 대체한다.

이러한 약관은 일반적인 성격을 가지며, 거래 계약의 구체적인 성격, 당사자 및 적용 가능한 법률 및 규정에 따라 일치되어야 한다. 이러한 계약서를 작성하거나 검토할 때는 적절한 법률가의 자문을 받는 것이 좋다.

chatgpt에게 문의한 일반거래조건협정서
General Terms and Conditions

1. Definitions
1.1 "Seller" refers to the party responsible for selling the goods.
1.2 "Buyer" refers to the party responsible for purchasing the goods.
1.3 "Goods" refer to the products or items being traded between the Seller and the Buyer.

2. Prices and Payment Terms
2.1 The prices of the Goods shall be as agreed upon in writing between the Seller and the Buyer.
2.2 Payment terms, including currency, method of payment, and due dates, shall be outlined in the contract or invoice.

3. Delivery Terms
3.1 Delivery terms (e.g., EXW, FOB, CIF) shall be specified in the contract and shall determine the responsibilities of each party regarding transportation, insurance, and risk of loss during transit.
3.2 Any delays in delivery shall be communicated promptly, and the parties shall work together to find a reasonable solution.

4. Quality and Inspection
4.1 The Goods shall conform to the agreed-upon specifications, quality standards, and quantities.
4.2 Either party may request inspection of the Goods before shipment, and the cost of inspection shall be borne as agreed.

5. Risk of Loss and Title
5.1 The risk of loss or damage to the Goods shall pass from the Seller to the Buyer as per the agreed delivery terms.
5.2 Title to the Goods shall pass to the Buyer upon full payment unless otherwise agreed in writing.

6. Warranties and Liability
6.1 The Seller warrants that the Goods are free from defects in materials and workmanship.
6.2 The liability of each party shall be limited to the value of the Goods and shall not extend to any consequential or indirect damages unless caused by willful misconduct.

7. Force Majeure
7.1 Neither party shall be liable for any failure or delay in performance due to causes beyond its reasonable control, such as acts of God, natural disasters, war, or government actions.

8. Governing Law and Dispute Resolution
8.1 This agreement shall be governed by and construed in accordance with [specify governing law].
8.2 Any disputes arising out of or in connection with this agreement shall be resolved through negotiation in good faith. If not resolved, the parties agree to submit to [arbitration/mediation/court jurisdiction] as specified in the contract.

9. Confidentiality
9.1 Both parties agree to keep confidential any proprietary or sensitive information disclosed during the course of the trade relationship.
9.2 This confidentiality obligation shall survive termination or expiration of this agreement.

10. Miscellaneous

10.1 Any amendments or modifications to this agreement must be made in writing and signed by authorized representatives of both parties.

10.2 This agreement constitutes the entire understanding between the parties and supersedes any prior agreements or understandings, whether written or oral.

Please note that these terms and conditions are general in nature and may need to be customized based on the specific nature of the trade agreement, the parties involved, and applicable laws and regulations. It's recommended to seek legal advice when drafting or reviewing such agreements to ensure compliance and clarity.

CHAPTER

4

무역계약조건

Chapter

4 | 무역계약조건

4.1 • 서론

무역계약은 당사자 간의 합의에 의해 성립한다. 이러한 합의는 무역계약조건으로 품질조건, 수량조건, 가격조건, 선적조건, 대금결제조건, 보험조건, 포장조건, 상사중재조건 등을 포함한다.

4.2 • 품질조건

품질조건은 품질결정방법, 품질결정시기 및 품질증명방법으로 분류된다. 품질결정방법은 다양하게 나타난다. 견본매매는 무역계약의 대상인 상품의 품질을 견본을 통해 결정하는 것이다. 이에 따라 일방의 당사자는 상대방에게 상품의 견본을 보내고 동 품질과 유사한 품질의 상품으로 품질을 결정하게 된다. 여기서 주의할 점은 계약서에 견본과 동일한 상품(Quality of goods must be equal to the sample)이라는 표현을 사용할 경우 상품의 품질이 견본과 완전히 동일해야 하기 때문에 추후 마켓클레임의 가능성이 있다. 따라서 상품의 품질은 견본과 유사해야 한다(Quality of goods should be similar to the sample)는 표현을 통해 추후 발생가능한 마켓클레임에 대비해야 한다.

상표매매는 세계적으로 유명한 상표를 기초로 품질을 결정하는 방법이다. 예를 들면 롤렉스 시계, 구찌 가방 등은 세계적으로 알려진

브랜드이고 이러한 상표를 품질의 기준으로 삼는 것이다.

규격매매는 세계적으로 규정된 규격이나 공식적으로 인정된 규격을 품질결정의 기준으로 삼는다. 예를 들면 한국의 KS, 일본의 JIS 등은 세계적으로 인정되는 규격으로 이를 품질결정의 기준으로 삼는다.

점검매매는 수입상이 상품의 품질을 확인하고 만족하는 경우에 무역계약을 체결하는 품질결정방법이다. 이는 보세창고인도조건(Bonded warehouse transaction: BWT)의 경우가 대표적으로 수출상이 수입국의 보세창고에 물품을 인도하고 수입상의 물품을 확인한 후 매매계약을 체결하는 것이다.

명세서매매는 설계도, 청사진, 명세서 등을 품질결정의 기준으로 하는 것이다. 예를 들면 선박매매의 경우 선박을 건조하기 전에 조선업체가 선박의 발주업체에 설계도를 송부하여 선장 등이 설계도를 확인하고 선박의 품질에 만족하는 경우 동 설계도를 품질결정의 기준으로 삼는다.

표준품매매는 주로 1차 산품의 경우 표준품을 품질결정의 기준으로 한다. 평균중등품질조건(Fair average quality: FAQ)은 농산물의 경우 선도거래를 주로 하기 때문에 당해 연도에 생산된 농산물의 평균중등품질을 품질조건으로 한다. 예를 들면 당해 연도에 풍년이 들면 상등급 품질이 품질결정의 기준이 되고 흉년이 들면 하등급 품질이 품질결정의 기준이 된다. 만일 풍년일 경우 하등급 품질의 농산물이 생산되었다면 생산자는 가격을 할인하여 대금결제를 받게 되고 반대의 경우 흉년일 경우 상등급 품질의 농산물이 생산되었다면 생산자는 할증하여 대금결제를 받게 된다. 판매적격품질조건(Good merchantable quality: GMQ)은 주로 목재, 냉동어류 등의 경우 사용하는 품질결정방법으로 상품의 외관상으로는 품질을 결정할 수 없는 경우 상품의 수입 후 동 상품이 판매할 수 있는 품질일 경우를 품질결정기준으로 한다. 예를 들면 냉동어류의 경우 무역계약 당시에는 어류의 상태를 확인할 수 없다. 그러나 수입지에서 하역 후 어류를 잘랐을 때 속이 썩었을 경우 판매적격하지 않기 때문에 품질불량으로 처리된다. 보통품질조건(Usual standard quality: USQ)은 공인된 전문기관에 의해 품질을 결정하는 방법이다. 예를 들면 정밀기계의 경우 상품의 외관만으로는 품질을 확인할 수 없어 공인된 검사기관의 검사합격증을 통해 상품의 품질을 확인할 수 있다.

품질결정시기는 선적품질조건과 양륙품질조건으로 분류된다. INCOTERMS 2020을 기준으로 보면 인도의 시점을 품질결정시기로 볼 수 있다. 달리 말하면 이는 상품의 인도시점의 품질이 무역계약상의 품질과 일치해야 한다는 것을 의미한다. 선적품질조건은 화물이 선적항에서 선적시의 품질이 무역계약 상의 품질과 일치해야 한다. 수출상은 선적지(항)에서 화물을 첫 번째 운송인에게 인도하는 시점의 품질(EXW, FCA, CIP 및 CPT) 또는 화물을 본선에 인도한 시점의 품질(FAS, FOB, CPT 및 CIP)이 무역계약 상의 품질과 일치한다는 것을 증명해야 한다. 이는 공인검사기관의 검사증명서를 통해 증명할 수 있다. 또한 양륙품질조건은 화물이 수입항에서 양륙시의 품질이 무역계약의 품질과 일치해야 한다. 수입상은 화물의 품질이 불량한 것을 확인하면 양륙지(항)에서 화물을 인수할 때의 품질(DAP, DPU 및 DDP)이 무역계약의 품질과 일치하지 않는다는 것을 증명해야 한다. 이는 공인검사기관의 검사증명서를 통해 증명할 수 있다. 또한 곡물류의 경우 Tale Quale(TQ)은 선적품질조건이고 Rye Terms(RT)는 양륙품질조건이고, Sea Damaged terms(SD)는 선적품질조건이지만 운송 중 발생하는 해수 또는 담수에 의한 품질의 피해는 수출상의 책임이 된다.

품질증명방법은 선적품질조건의 경우 수출상이 증명해야 하고 양륙품질조건의 경우 수입상이 증명해야 한다. 이에 책임 있는 당사자는 공인검사기관의 검정보고서를 통해 품질의 증명을 할 수 있다. 일반적으로 품질검사는 무역계약시 합의하게 된다. 예를 들면 Seller's inspection is final in the export port라는 문장이 무역계약에 포함되면 수출상이 수출항에서 품질검사를 이행하고 이에 대한 품질을 증명한다는 것을 의미한다.

4.3 • 수량조건

수량측정의 기준은 총중량(포장을 포함한 중량), 법정중량(외포장을 제외한 중량), 순중량(포장을 제외한 상품 자체의 중량) 및 정미중량(순수한 화물만의 중량)으로 분류한다. 수량의 단위는 국가마다 사용하는 도량형이 달라 무역계약시 도량형에 대해 명확히 할 필요성이 있다. 예를 들면 ton의 경우 long ton(1016kg/2240pound, 영국에서 사용), short ton (907kg/2000pound, 미국에서 사용) 및 metric ton(1000kg/2204pound, 프랑스, 독일, 한국 등에서 사용)이 있다. 개수는 1 dozen(12개), 1 gross(12 X 12=144개), 1 great gross(12 gross=1728개) 및 1 small gross(10 dozen=120개)로 분류된다. 길이는 meter, inch 및 yard를 사용한다. 면적은 square feet를 사용한다. 용적은 cubic meter를 사용한다. 이는 가로, 세로 및 높이가 1m인 것을 나타내고 컨테이너화물의 용적을 계산할 때 주로 사용한다. 40피트 컨테이너는 67CBM이 최대로 적재할 수 있는 용적(30ton)이고 20피트 컨테이너는 33CBM이 최대로 적재할 수 있는 용적(26ton)이다.

수량과부족 용인조건(More or less clause: M/L clause)은 벌크화물에만 적용된다. 이는 신용장으로 결제를 할 경우 수출상과 수입상이 M/L clause를 결정하지 않았다면 UCP600에 따라 ±5%의 M/L clause가 적용된다. 달리 말하면 무역계약의 당사자들이 100,000ton의 쌀을 계약했고 M/L clause를 합의하지 않았다면 신용장 결제를 기준으로 할 때 95,000ton부터 105,000ton까지는 계약에 합치되는 수량으로 볼 수 있다. 그러나 수출상과 수입상은 벌크화물을 계약할 때 수량과부족에 대한 합의를 하는 것이 좋다. 또한 수량 및 단가 앞에 about 또는 approximately가 적혀 있는 경우는 계약된 수량의 ±10%의 과부족을 인정하게 된다.

수량과부족을 인정하는 이유는 다음과 같다. 벌크화물은 수출상의 창고에서 트럭으로 수출항으로 이동하고 수출항에서 선박에 적재되고 수입항에서 하역되어 트럭으로 운송되어 창고에 반입된다. 이러한 적재와 재적재의 반복으로 인해 수출상이 정확한 수량의 벌크화물을 인도했다고 하더라도 중량에 손실분이 반드시 생기게 된다. 이러한 손실분을 감안하여 수출상과 수입상은 계약시 수량과부족에 대한 합의를 해야 한다.

4.4 • 가격조건

가격조건은 상품의 가격을 결정하는 기준이 된다. 이는 INCOTERMS 2020을 기준으로 가격조건을 결정하는 경우가 많다. 이에 대해서는 추후 설명하도록 하겠다. 무역계약에서 사용하는 통화는 다양하다. 미국의 U$는 가치의 안정성 때문에 많이 사용하고 있다. 또한 EU의 유로화, 중국의 위안화, 일본의 엔화 등도 많이 사용되고 있다. 수출가격의 구성요소는 물품원가, 희망이익, 보험료, 수출국의 내륙운송비, 수출통관비, 수출항의 제비용, 해상운송비, 수입항의 제비용, 수입통관비, 관세 및 기타 세금, 수입국의 내륙운송비 등이 포함된다.

4.5 • 선적조건

선적은 선박, 비행기, 기차 및 트럭에 화물을 인도, 발송 및 수탁하는 것을 모두 포함한다. 해상운송을 기초로 해서 선적시기는 특정 달, 기간 등으로 표시하는 경우가 많다. 예를 들면 Shipment should be made during May 2025는 선적일자가 2025년 5월 중으로 표시되면 된다. 달리 말하면 선하증권의 발행일이 2025년 5월 중의 어느 날로 표시되면 선적조건을 완수한 것으로 본다. 또한 Shipment should be made on or about 15 May 2025로 표시된 경우 선적일자는 15일 기준으로 앞의 5일과 뒤의 5일로 볼 수 있다. 이는 5월 10일부터 5월 20까지 선적일자가 되고 선하증권의 발행일이 동 기간 내에 들어간다면 선적을 완수한 것으로 본다. 선적기간과 관련하여 immediate, prompt, as soon as possible 등의 즉시 선적의 표시가 있는 경우 기준일이 없기 때문에 이를 무시해도 좋다. 조건부 선적일의 경우 신용장 발행일 이후 30일 내에 선적하는 것으로 표기되었다면 신용장의 발행일자를 기준으로 다음 날부터 계산하여 30일이 되는 날까지 선하증권의 발행일이 나타나면 선적이 완료된 것으로 본다.

선적방법은 계약물품을 수출항에서 한 선박에 선적한다면 문제가 없다. 그러나 분할선적이나 환적의 경우 UCP 600을 기준으로 계약서에서 명시적으로 금지하지 않는 경우 분할선적과 환적이 모두 가능하다. 분할선적은 수출상이 6월, 7월 및 8월 3회의 분할선적을 가능하도록 계약서를 작성했다면 정량 분할선적과 비정량 분할선적 모두 가능하다. 그러나 계약서 상 명시된 바가 있다면 수출상은 이를 반드시 따라야 한다. 또한 수출상이 다수의 항구에서 화물을 동일한 선박에 선적한 경우 이는 분할선적으로 보지 않는다. 예를 들면 부산항에서 30%, 도쿄항에서 20% 및 시드니항에서 50%의 쌀을 한 선박에 선적하여 LA항으로 입항한 화물은 분할선적으로 보지 않는다. 환적은 화물의 운송도중 입항한 항구에서 다른 선박으로 화물이 갈아타는 경우 이를 환적이라 한다. 환적은 수출상 또는 수입상이 운임의 절약을 위해 또는 운송시간의 단축을 위해 이행하는 경우가 있다. 예를 들면 부산항을 출발해서 도쿄항을 경유하고 시드니항을 경유하여 LA로 도착하는 선박이 있다. 또한 가오슝항을 출발해 도쿄항을 경유해 LA로 입항하는 선박이 있다. 이 경우 수출상은 부산항을 출발하는 선박에 화물을 적재하고 도쿄항에서 화물을 하역하여 가오슝항에서 도착한 선박에 화물을 환적하여 LA항으로 입항한다면 운송시간의 단축이 가능하다. 이러한 경우 환적을 선택하게 된다.

선적일의 증명은 운송방식에 따라 다양하다. 선박에 의한 해상운송은 선하증권의 발행일을 선적일자로 본다. 또한 해상운송의 경우 해상화물운송장이 발행된다면 운송장의 발행일자가 선적일자가 된다. 항공운송의 경우 항공화물운송장이 발행되고 동 발행일자가 선적일자가 된다. 선적지연은 수출상이 고의, 태만, 부주의 등 수출상의 책임이 있는 사유로 선적지연이 발생한다면 이는 수출상의 책임이 되어 손해배상의 책임을 져야 한다. 그러나 불가항력적인 사태로 인해 선적지연이 된다면 이는 면책될 수 있다. 예를 들면 지진과 같은 천재지변이 발생한 경우 수출상은 선적지연에 대한 책임에서 면책된다.

4.6 • 무역결제조건

무역결제조건은 결제시기, 결제수단 및 결제장소로 분류할 수 있다. 먼저 결제조건은 선지급, 동시지급 및 후지급으로 분류할 수 있다. 선지급은 상품을 입수하기 전에 수입상이 대금을 먼저 지급하는 것이다. 예를 들면 현금주문불(Cash with order: CWO)은 주문시 대금을 선결제하는 것이다. 전대신용장(Red clause L/C)은 수출상이 신용장을 수령하고 동 신용장을 통해 대금을 먼저 수령하고 추후 서류를 은행에 제공하는 것이다. 사전송금방식(Advance remittance basis)은 물품의 주문과 함께 대금을 송금하는 것을 의미한다.

동시지급조건은 물품의 인도와 대금의 지급이 동시에 이루어지는 결제방식이다. 실무적으로 물품의 인도와 대금의 지급이 동시에 이루어지지는 않지만 이를 동시에 이루어지는 것으로 보는 것이다. 예를 들면 일람불 신용장이 발행되었다는 것을 가정한다. 현실적 인도의 경우, FOB 규칙 하에서 수출상은 수입상의 대리인으로 볼 수 있는 운송인에게 화물을 인도하고 선하증권을 발급받아 매입은행에 환어음을 발행하여 매입함으로서 대금을 지급받게 된다. 이와 유사하게 상징적 인도의 경우, CIF 규칙 하에서 수출상은 운송인에게 화물을 인도하고 선하증권을 발급받지만 운송인은 수입상을 대리하지 못한다. 그 이유는 운송계약을 수출상이 체결하기 때문이다. 따라서 수출상은 화물의 권리를 포함하고 있는 선하증권을 매입은행에 인도하고 환어음을 발급하여 대금을 지급받게 된다. 이 경우 매입은행은 발행은행의 대리인으로 볼 수 있고 발행은행은 수입상의 대리인으로 볼 수 있다. 따라서 매입은행이 수입상을 대리해서(물론 UCP600 상의 매입은행의 의무로 신용장과 서류의 일치성을 확인해야 함) 신용장과 서류의 엄밀일치성을 확인하기 때문에 매입은행은 수입상을 대리하여 서류를 인수하고 대금을 지급하는 것으로 볼 수 있다. 따라서 이러한 경우 동시지급으로 볼 수 있다. 동시지급의 사례는 CAD, COD, 일람불 신용장 및 지급인도방식(Document against payment: D/P) 등이 있다.

후지급은 화물을 인도한 이후 정해진 기일에 대금결제가 이행되는 것이다. 예를 들면 기한부 신용장, 인수인도방식(Document against acceptance: D/A), 청산계정(Open account) 등이 있다.

결제수단은 송금방식, 추심방식 및 기타 결제수단으로 분류할 수 있다. 먼저 CAD는 서류상환불로 서류제시에 대해 현금을 지급하는 방식이다. 이는 수출국에 수입상의 대리인이 있어야 가능한 방식이다. 수출상과 수입상이 무역계약을 체결하고 수출상이 물품의 선적을 이행한 후 선하증권 등 서류를 수입상의 대리인에게 제시한다. 수입상의 대리인은 선하증권 등의 서류를 확보하여 수입상에게 송부하고 대금을 지급받게 된다. 수입상의 대리인은 동 대금을 수출상에게 지급하게 된다.

COD는 물품상환불로 물품인도와 대금결제가 동시에 이루어지는 방식이다. 이는 수입국에 수출상의 대리인이 있어야 가능한 방식이다. 수출상과 수입상이 무역계약을 체결하고 수출상이 물품을 선적한 후 선하증권 등 서류를 수입국에 있는 수출상의 대리인에게 송부한다. 수출상의 대리인은 서류를 통해 화물을 확보하고 수입상에게 화물을 인도하고 대금을 결제받게 된다. 동 대금은 수출상에게 송부된다.

송금방식은 채무자가 자신의 채무를 직접 이행하는 방식으로 수입상이 수출상에게 은행을 통해 대금을 직접 상환하는 방식이다. 현재 대부분의 송금방식은 인터넷을 통한 은행의 계좌이체로 이행된다. 과거 우편, 전신환, 송금수표 등의 방식은 거의 사용하지 않고 있다.

추심방식은 채권자가 은행을 통해 자신의 채권을 회수하는 방식이다. 주로 환어음을 통해 채권을 회수하게 된다. 추심결제방식은 D/A와 D/P로 분류된다. D/A는 후불방식으로 수출상과 수입상이 무역계약을 체결한 후 수출상이 물품을 선적한다. 수출상은 선하증권 등 추심지시서에서 요구하는 모든 서류를 구비하여 추심의뢰은행에 추심을 의뢰하면서 기한부 환어음을 발행하게 된다. 동 환어음과 서류는 수입지의 추심은행으로 송부되고 추심은행은 수입상에게 서류도착통지를 하게 된다. 수입상은 환어음에 대한 인수 후 서류를 확보하여 수입항에서 화물을 인수받게 된다. 수입상은 환어음의 만기일에 추심은행에 대금을 지급하면 동 대금은 추심의뢰은행을 통해 수출상에게 지급된다.

D/P방식은 수출상과 수입상이 무역계약을 체결하고 수출상이 화물을 선적한다. 선사는 수출상에게 선하증권을 발행하게 되고 수출상은 추심지시서에서 요구하는 모든 서류를 구비하여 추심의뢰은행에서 일람불 환어음을 발행하게 된다. 추심의뢰은행은 동 환어음과 서류를 수입국의 추심은행에 송부하고 추심은행은 수입상에게 서류도착통지를 하게 된다. 수입상은 추심은행에 대금을 지급하고 서류를 인수하게 된다. 동 대금은 추심의뢰은행을 통해 수출상에게 지급된다.

신용장의 결제과정은 추후 설명하고자 한다. 청산계정은 무역계약의 당사자 간에 은행에 청산계정을 만들고 일정 기간(통상적으로 1년) 동안의 거래를 계정에 기입하여 동 기간이 종료된 시점에 상호 간의 수출입 금액을 상쇄하여 계좌의 금액을 청산하게 된다. 만일 A가 1년 동안 B에게 U$100만을 수출했고 B가 동일한 기간 동안 A에게 U$80만을 수출했다면 동 기간이 종료된 시점에 청산을 하면 B가 A에게 U$20만을 지급하면 된다. 이는 동 기간동안 전체 U$180만의 거래를 U$20만으로 축소하는 효과가 있다.

결제장소는 무역계약에 수출상과 수입상의 다른 합의가 없다면 수출상의 영업장이 되는데 그 이유는 물품의 인도와 대금의 지급이 동시이행조건이기 때문이다. 그러나 합의한 바가 있다면 이를 따라야 한다. 예를 들면 DDP의 경우 물품의 인도가 수입상의 영업장 구내에서 이행되고 이 경우 대금지급은 수입상의 영업장 구내가 된다. 그러나 실무적으로 수출상과 수입상이 DDP로 가격조건을 규정한다고 하더라도 신용장방식을 통해 결제하는 경우 대금의 지급은 은행을 통하게 된다.

4.7 • 보험조건

해상보험은 해상사업에 수반하는 해상손해에 대해 보험자가 피보험자에게 보상할 것을 약속하는 계약으로 본다. 해상보험은 이득금지의 원칙, 손실보상의 원칙, 비례보상의 원칙, 급부 및 반대급부의 원칙 등 기본원칙이 있다. 보험조건에서는 기본 용어만을 설명하고 세부적인 사항은 해상보험에서 설명하고자 한다.

보험자는 보험회사나 보험업자(underwriter)를 의미한다. 피보험자는 보험사고 발생시 보험금을 획득할 권리가 있는 자를 의미한다. 보험계약자는 보험자와 보험계약을 체결하고 보험료를 납부할 의무가 있는 자를 의미한다. 보험목적물은 보험에서 손해를 보상하는 대상을 의미한다. 보험료는 보험자가 보험을 인수하기 위해 보험계약자에게 부과하는 금액을 의미한다. 보험금은 보험사고의 발생시 보험자가 피보험자에게 보상하는 금액을 의미한다. 보험가액은 보험목적물의 재산상의 평가액을 의미한다. 보험금액은 보험자가 부담하는 손해보험 책임의 최고한도액을 의미한다. 일부보험은 보험가액이 보험금액보다 큰 경우이고 전부보험은 보험금액과 보험가액이 동일한 경우이고 초과보험은 보험금액이 보험가액보다 큰 경우이다. 초과보험의 경우 보험계약자나 피보험자가 알고 초과보험을 들었을 경우 보험 자체가 무효이지만 모르고 초과보험을 들었을 경우 초과부분만 무효이다. 피보험이익은 보험목적물에 대한 경제적인 이해관계를 의미한다.

보험계약자와 피보험자는 동일한 경우가 대부분인데 CIF규칙이나

CIP규칙의 경우 다르다. 이 경우 보험계약자는 수출상이 되고 피보험자는 수입상이 된다. 달리 말하면 CIF는 수출상이 해상운송계약과 해상보험계약을 체결하고 비용을 지불해야 한다. 그러나 위험의 이전시점은 수출항의 선박에 화물이 적재된 이후 수출상으로부터 수입상에게 이전된다. 달리 말하면 해상운송 도중 화물의 멸실 및 손상에 대한 위험은 수입상이 책임을 지게 된다. 따라서 CIF규칙 하에서 수출상은 해상보험계약을 체결하고 보험료를 지불해야 하지만 운송도중 화물의 멸실 및 손상의 책임을 수입상이 지기 때문에 피보험자는 수입상이 된다.

해상보험에서 담보는 보험자가 손해의 발생에 대해 보상할 것을 약속하는 것을 의미한다. 이는 명시담보와 묵시담보로 분류된다. 명시담보는 보험증권 상에 기재된 보험자가 보상하는 내용을 의미한다. 묵시담보는 보험증권 상에 기재되지는 않았지만 보험계약자나 피보험자가 당연히 지켜야 하는 사항을 의미한다. 예를 들면 선박은 출발항으로 부터 도착항까지 운항할 수 있는 능력을 갖추어야 하는 감항성 담보를 확보해야 한다. 또한 선박은 항해시 항해와 관련한 불법성이 없어야 하고 화물도 불법적인 화물을 적재해서는 안된다는 적법성담보가 있다.

보험계약자와 피보험자가 보험계약시 보험자에게 지켜야 하는 사항은 고지의무가 있다. 고지의무는 보험계약시점을 기초로 그 이전에 보험자가 보험의 인수를 위해 필요한 모든 정보를 보험계약자나 피보험자가 제공해야 하는 것을 의미한다.

피보험이익은 보험목적물에 대한 보험계약자 또는 피보험자가 가지는 이해관계로 적법성, 경제성 및 확정성이 있어야 한다. 적법성은 보험의 목적물이 적법해야 하고 경제성은 보험의 목적물에 대한 경제적 가치를 평가할 수 있어야 하고 확정성은 보험의 목적물이 보험계약 시점까지 확정되어야 한다는 것을 의미한다. 보험의 대상은 선박, 화물, 운임, 선비 및 희망이익이 된다. 선원은 생명보험의 영역이다. 희망이익은 해상운송이 성공했을 경우 발생할 수 있는 최소한의 이익으로 UCP600에 따르면 CIF 또는 CIP 가격을 기준으로 10%로 책정된다.

4.8 • 포장조건

포장은 공업포장과 상업포장으로 분류된다. 공업포장은 운송, 보관 등 물류활동과 관련해서 물품을 보호하기 위한 포장을 의미한다. 상업포장은 제품의 가치를 높이고 판매를 촉진하기 위한 마케팅적인 측면에서의 포장을 의미한다. 이러한 포장은 개포장, 내포장 및 외포장으로 분류된다. 개포장은 개개 물품의 포장을 나타내고 내포장은 개포장을 몇 개의 단위로 묶어 포장한 것을 의미하고 외포장은 내포장을 몇 개의 단위로 묶은 포장을 의미한다. 예를 들면 과자의 개포장은 과자 하나가 비닐로 포장된 것을 의미하고 내포장은 이러한 과자들 다수가 종이박스로 포장된 것을 의미한다. 외포장은 과자의 종이박스로 포장된 것들 여럿이 큰 포장으로 묶여 있는 것을 나타낸다.

무역에서의 포장은 주로 수출포장을 의미하고 포장과 관련한 화인을 확인해야 한다. 화인은 외포장의 외부에 표시된 수출상의 로고, 출발지, 목적지, 수량, 원산지 등의 표시를 의미한다. 주화인은 수출상의 로고나 다른 화물과의 구분을 위한 표시를 의미한다. 부화인은 주화인을 보조하는 역할을 하는 화인이다. 품질표시는 A1 등으로 나타나는 물품의 품질에 대한 표시이다. 중량표시는 gross weight, net weight 등의 표시를 나타낸다. 출발항과 목적항은 화물의 운송경로를 나타낸다. 화물의 번호는 C/No. 등으로 나타나고 이는 포장

내에 화물의 개수를 나타낸다. 원산지는 화물의 원산지를 표시하고 주의 표시는 화물의 취급 주의 표시를 나타낸다.

4.9 상사중재조건

수출상과 수입상은 무역계약에 따라 물품의 인도의무와 대금의 지급의무를 지게 된다. 이러한 양 당사자는 자신의 의무를 이행해야 하는데 일방의 당사자가 의무를 이행하지 않았을 경우 상대방 당사자는 권리의 침해를 당하게 되고 이에 따라 자신의 권리를 회복하기 위해 일방의 당사자에게 클레임을 제기하게 된다. 예를 들면 무역계약에서 견본과 유사한 품질의 제품을 거래하기로 했는데 수출상이 품질에서 견본과 상당한 차이가 있는 제품을 제공했다면 수입상은 무역계약에 기초해서 견본과 유사한 제품을 요구할 권리가 있다. 그러나 수출상이 견본과 유사한 제품을 제공하지 않을 때 수입상은 무역계약 위반으로 수출상에게 소송 또는 중재를 제기할 수 있다. 무역계약은 중재조항을 포함하고 있기 때문에 대부분의 클레임은 중재를 통해 해결된다. 중재절차는 화해, 조정 및 중재의 단계로 이행된다. 양 당사자들이 중재로 분쟁을 해결하고자 한다면 이들은 중재절차에 들어가기 전에 소송의 권리를 포기해야 한다. 따라서 중재는 소송에 비해 저렴한 비용, 시간절약, 1심에 의한 최종 판정, 상대방 국가에서도 집행될 수 있는 등의 장점이 있다.

CHAPTER

5

INCOTERMS 2020

Chapter

5 | INCOTERMS 2020

5.1 • INCOTERMS 2020의 기초

5.1.1 INCOTERMS 2020의 목적

국제상업회의소(International Chamber of Commerce: ICC)는 규칙적으로 세계무역환경의 변화를 반영하여 INCOTERMS를 개정하였다. INCOTERMS 2020의 목적은 다음과 같다.

INCOTERMS 2020은 무역거래에서 수출상과 수입상의 책임을 명확하게 정의하는 분명하고 정확한 설명을 제공하는 것을 목표로 한다. 이를 통해 무역계약의 당사자들은 오해와 분쟁을 최소화할 수 있다. 이 규칙은 무역관행의 최신 발전과 추세를 반영하고자 한다. INCOTERMS 2020은 INCOTERMS 2010의 개정 이후의 기술, 운송 및 물류 분야의 발전을 고려하여 개정되었다. INCOTERMS 2020은 전 세계의 다양한 국가와 산업에 적용하는 것을 목표로 한다. 이는 무역업자들의 공통된 입장을 반영하여 그들의 위치나 사업의 성격과 관계없이 상호 적용할 수 있게 한다. INCOTERMS 2020의 규칙들은 수출상과 수입상 간의 위험과 비용의 이전 시점을 분명히 하여 수출상과 수입상의 권리와 의무를 명확히 한다. 이러한 명확성은 당사자가 특정한 필요와 상황을 고려하여 가장 적합한 조항을 선택할 수 있도록 한다. INCOTERMS 2020은 모든 거래 당사자들이 사용할 수 있도록 하는 것을 목표로 한다. ICC는 무역계약의 당사자들이 INCOTERMS 2020 규칙을 효과적으로 이해하고 적용할 수 있도록 교육 자료와 지침을 제공한다.

요약하면 INCOTERMS 2020의 목표는 수출상과 수입상의 권리와 의무를 해석하는 공통의 틀을 제공함으로써 더 원활하고 효율적이고 안전한 무역거래를 가능하게 하는 것이다.

5.1.2 INCOTERMS 2020의 적용범위

INCOTERMS 2020은 유형의 재화에 대한 수출입에 적용할 수 있다. 달리 말하면 유형의 재화가 아닌 서비스나 소프트웨어와 같은 무형물의 무역에는 적용되지 않는다. 또한 INCOTERMS 2020은 무역의 대상인 물품의 수출상과 수입상 간의 권리 및 의무에 대한 사항을 포함하고 있고 위험과 비용의 이전 시점을 중심으로 설명하고 있다. 따라서 INCOTERMS 2020은 수출상과 수입상 상호 간의 의무에 집중하고 있다. 그러나 INCOTERMS 2020은 수출상과 수입상 간의 소유권의 이전, 계약의 위반, 책임의 면제 등은 다루고 있지 않다. 소유권 이전 등의 내용은 각국의 법률에 따라 적용할 것을 권고하고 있다.

5.1.3 INCOTERMS 2020의 주요 개정 내용

INCOTERMS 2010과 비교하여 INCOTERMS 2020의 주요 개정 내용은 다음과 같다.

첫째, INCOTERMS 2020은 설명문을 제시하고 있다. 이는 INCOTERMS 2020의 표제로서 사용자들이 INCOTERMS 2020의 내용을 쉽게 이해할 수 있도록 사용자에 대한 설명문을 제시하고 있다. 또한 INCOTERMS 2020은 수출상의 의무 10가지와 수입상의 의무 10가지를 대비해서 볼 수 있도록 배치하여 사용자들이 상호 간의 의무를 확인할 수 있도록 하였다.

둘째, DAT(INCOTERMS 2010)는 DPU(INCOTERMS 2020)에 포함

되었다. "터미널인도규칙(Delivered at Terminal: DAT)"이라는 용어가 "도착지양하비지급인도규칙(Delivered at Place Unloaded: DPU)"으로 대체되어 정확한 터미널 위치에 대한 혼동을 없앴다. DPU는 터미널뿐만 아니라 모든 장소에서 상품을 인도할 수 있도록 하였다.

셋째는 CIF 및 CIP의 보험부보의 내용을 변경하였다. 해상운임 및 보험료 포함 인도규칙(Cost, Insurance and Freight: CIF) 및 운송비 및 보험료 지급 인도규칙(Carriage, Insurance and Paid to: CIP)에 대한 수출상의 보험부담에 대한 수준이 명확히 규정되었다. INCOTERMS 2010은 CIF와 CIP 모두 수출상이 최저 수준의 보험에 부보할 것을 요구하여 ICC(C) 또는 FPA로 보험을 부보해야 했지만 CIP의 경우 컨테이너화물에 주로 사용되었고 수입상의 요구로 인해 수출상은 주로 ICC(A)나 A/R로 부보하였다. 이러한 관행을 반영하여 INCOTERMS 2020은 CIP의 부보조건을 ICC(A) 또는 A/R로 변경하였다. 그러나 CIF는 여전히 최저 담보수준인 ICC(C)나 FPA로 부보하도록 권고하고 있다.

넷째는 보안과 관련된 요구사항이다. INCOTERMS 2020은 보안과 관련된 요구사항이 강화되었으며 양측에 대한 보안과 관련된 승인 및 의무의 중요성이 강조되었다. 따라서 INCOTEMRS 2020은 수출상과 수입상 간의 보안규정에 대한 협력의 의무를 부과하고 있다.

다섯째는 자신의 운송수단을 사용하는 것이다. INCOTERMS 2020은 운송에 대한 책임과 비용에 대한 보다 상세한 지침을 제공하여 자신의 운송수단의 사용을 포함하고 있다. 특히 FCA, DAP, DPU 및 DDP 규칙의 경우 INCOTERMS 2010은 지정된 운송인의 사용을 규정하고 있었다. 그러나 동 규칙들은 유럽의 국가들이 많이 사용하여 자신의 운송수단을 사용하는 것에 대해 명확히 할 필요성이 있었다. 이에 따라 INCOTERMS 2020은 자신의 운송수단을 사용하는 것에 대한 규정을 명확히 하였다.

여섯째는 운송인 인도규칙(Free Carrier: FCA) 하에서 지정된 장소에 대한 내용을 명확히 하였다. 이는 FCA 규칙의 경우 named place가 두 가지로 나타날 수 있다. 즉 FCA Seller's premises로 나타날 경우 수출상은 수입상이 보내온 운송수단에 상차의무가 있고 FCA other place의 경우 수출상은 내륙 운송계약을 체결하여 지정된 장소까지 화물을 자신의 책임하에 운송하여 도착시킬 의무가 있으며 하차부터는 수입상의 의무가 된다. 따라서 INCOTERMS 2020은 FCA의 지정된 장소에 대한 내용을 명확히 하였다.

일곱째는 검사, 인증, 수출입 허가, 보안 등에 대한 규정을 분명히 하였다. INCOTERMS 2020에서 각 규칙은 A7 및 B7의 수출입통관에서 수출입통관, 공적 인증, 수출입 관련 각종 인허가, 보안통관 등의 의무를 규정하고 있다.

INCOTERMS 2010에 대비한 INCOTERMS 2020의 개정은 현재의 무역관행에서 INCOTERMS 규칙의 명확성, 정확성 및 적용 가능성을 향상시켜 무역업자들의 거래의 안정성을 제공하려고 하였다.

5.1.4 INCOTERMS 2020의 당사자들의 의무

INCOTERMS 2020은 두 개의 그룹으로 분류된다. 하나는 복합운송 및 전 운송수단에 적용 가능한 그룹이고 다른 하나는 해상운송 또는 내수로 운송에 적용 가능한 그룹이다. 이들은 11개의 정형거래 규칙을 포함한다.

복합운송 및 전운송수단에 적용 가능한 규칙은 Ex Works(EXW insert named place of delivery), Free Carrier(FCA insert named place of delivery), Carriage Paid To(CPT insert named place of destination), Carriage and Insurance Paid to(CIP insert named place of destination), Delivered at Place(DAP insert named place of destination), Delivered at Place Unload(DPU insert named place of destination) 및 Delivered Duty Paid(DDP insert named place of destination)의 7개의 정형거래규칙이 있다.

해상운송 및 내수로운송에 적용가능한 규칙은 Free alongside Ship (FAS insert named port of shipment), Free on Board(FOB insert named port of shipment), Cost and Freight(CFR insert named port of destination) 및 Cost, Insurance and Freight(CIF insert named port of destination)의 4개의 정형거래규칙이 있다.

당사자 간의 규정은 다음과 같다. 수출상의 의무는 A1. 일반의무(General obligation), A2. 인도(Delivery), A3. 위험의 이전(Transfer of risks), A4. 운송(Carriage), A5. 보험(Insurance), A6. 인도 및 운송서류(Delivery/transport document), A7. 수출 및 수입통관(Export/Import clearance), A8. 확인, 포장 및 표시(Checking/packaging/marking), A9. 비용할당(Allocation of costs) 및 A10. 통지(Notice)로 구성되어 있다.

수입상의 의무는 B1. 일반의무(General obligation), B2. 인수(Taking delivery), B3. 위험의 이전(Transfer of risks), B4. 운송(Carriage), B5. 보험(Insurance), B6. 인도의 증거(Proof of delivery), B7. 수출 및 수입통관(Export/import clearance), B8. 확인, 포장 및 표시(Checking/ packaging/marking), B9. 비용할당(Allocation of costs) 및 A10. 통지(Notice)로 구성되어 있다.

5.2 INCOTERMS 2020 위험과 비용의 부담 시점

5.2.1 INCOTERMS 2020의 11개 정형거래규칙의 위험과 비용의 분기점 (수출상의 입장)

정형거래규칙	위험의 이전시점	비용의 이전시점
EXW insert named place of delivery	지정된 장소	
FCA insert named place of delivery	첫 번째 운송인	
FAS insert named port of shipment	수출항의 선측	
FOB insert named port of shipment	수출항 본선 상	
CFR insert named port of destination	수출항 본선 상	도착항까지 운임
CIF insert named port of destination	수출항 본선 상	도착항 운임+보험료
CPT insert named place of destination	첫 번째 운송인	도착지점까지 운임
CIP insert named place of destination	첫 번째 운송인	도착지점 운임+보험료
DAP insert named place of destination	수입국의 지정된 장소	
DPU insert named place of destination	수입국의 지정된 장소에서 장치 후	
DDP insert named place of destination	수입국의 지정된 장소에 도착시	

5.2.2 INCOTERMS 2020 위험과 비용의 분기점 그림

상기에서 나타난 INCOTERMS 2020 위험과 비용의 분기점을 그림으로 나타내면 아래와 같다.

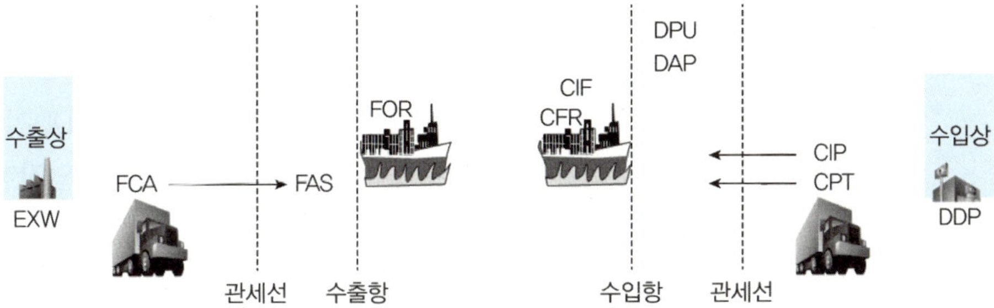

[그림 5-1 INCOTERMS 2020 위험과 비용의 이전시점]

EXW는 수출상의 영업장 구내의 지정된 지점에서 수입상이 화물을 인수가능한 상태로 특정시켰을 때 수출상의 화물에 대한 멸실 및 손상의 위험과 비용이 수입상에게 이전한다. FCA는 수입상이 지정한 첫 번째 운송인에게 수출상이 화물을 인도했을 때 수출상의 화물에 대한 멸실 및 손상의 위험과 비용이 수입상에게 이전한다. FAS는 수입상이 지정한 선박의 선측에 수출상이 화물을 인도했을 때 수출상의 위험과 비용이 수입상에게 이전한다. FOB는 수입상이 지정한 선박의 본선 상에 화물이 인도된 시점에 수출상의 위험과 비용이 수입상에게 이전한다. CFR은 수출상이 해상운송계약을 체결하여 수입항까지 운임을 지불한 시점에 비용이 종료되고 위험의 이전은 수출항에서 본선 상에 화물을 인도했을 때 수출상의 위험은 수입상에게 이전한다. CIF는 수출상이 해상운송계약을 체결하여 수입항까지 운임을 지불하고 해상보험계약을 체결하고 보험료를 지불하면 비용이 종료되고 수출항에서 선박의 본선 상에 화물을 적재하면 수출상의 위험은 수입상에게 이전한다. CPT는 수출상이 목적지까지 운송계약을 체결하고 운임을 지불하면 비용이 종료되고 첫 번째 운송인에게 화물을 인도하면 수출상의 위험은 수입상에게 이전한다. CIP는 수출상이 운송계약을 체결하고 운임을 지불하고 화물의 멸실 및 손상에 대한 보험계약을 체결하고 보험료를 보험자에게 지불하면 비용은 종료되고 첫 번째 운송인에게 화물을 인도하면 수출상의 위험은 수입상에게 이전한다. DAP는 수입국의 지정된 지점에서 화물을 도착시킴으로서 수출상의 화물에 대한 멸실 및 손상의 위험과 비용은 수입상에게 이전한다. DPU는 수입국의 지정된 지점에서 화물을 하차시킴으로서 수출상의 위험과 비용은 수입상에게 이전한다. DDP는 수출상이 수입국의 수입통관까지 완료한 상태로 수입상의 영업장까지 운송하여 도착된 상태로 수출상의 위험과 비용은 수입상에게 이전한다.

5.3 • INCOTERMS 2020의 주요 내용

5.3.1 EXW(insert named place of delivery) Incoterms® 2020

공장인도규칙은 수출상이 지정된 장소(수출상의 구내 또는 기타 장소)에 수입상이 처분가능한 상태로 물품을 특정했을 때 인도가 발생한다. 수출상과 수입상은 무역계약에서 물품의 인도를 위한 정확한 장소의 지정이 필요하다. 따라서 수출상의 물품에 대한 멸실 및 손상의 위험은 물품을 지정된 지점에서 특정하였을 경우 수입상에게 이전한다. 또한 수출상은 수입상의 운송수단에 물품을 적재할 의무가 없다. 따라서 운송수단에 물품을 적재하면서 발생하는 멸실 및 손상에 대한 책임은 수입상이 진다. 만일 수입상이 이러한 위험을 부담하지 않고자 한다면 수입상은 FCA 규칙을 선택해야 한다. 수출통관과 관련해 수출상은 의무가 없다. 따라서 EXW는 수출상의 최소의무부담규칙이고 수입상의 최대의무부담규칙이다.

5.3.2 FCA(insert named place of delivery) Incoterms® 2020

운송인인도규칙은 복합운송 및 전 운송수단에 사용할 수 있고 인도장소를 두 가지로 분류할 수 있다. 첫 번째는 지정된 장소로 수출상의 영업장 소재지에서 인도가 발생한다. 이 경우 수출상은 수출통관이 완료된 화물을 수입상이 도착시킨 운송수단에 적재할 의무가 있다. 달리 말하면 수출상은 수입상의 대리인인 운송인에게 수출상의 비용과 위험으로 화물을 적재할 의무를 진다.

두 번째는 지정된 장소가 다른 장소인 경우 수출상은 자신이 내륙운송수단을 수배하여 지정된 장소까지 수출통관이 완료된 화물을 운송하여 도착시킬 의무가 있다. 이는 수출상이 지정된 장소까지 자신의 위험과 비용으로 화물을 운송하여 도착시키면 수입상은 동 화물의 하차에 대한 의무를 부담한다.

INCOTERMS 2020 FCA규칙 하에서 수입상이 본선적재 선하증권을 요구할 경우 당사자들은 무역계약에 수출상이 본선적재 선하증권을 제출해야 한다는 것을 명시적으로 규정해야 한다. 이는 FCA규칙상 운송계약의 체결의무가 수입상에게 있고 이에 따라 수출상은 수입상이 지정한 운송인에게 물품을 인도할 의무만이 존재한다. 그러나 컨테이너화물의 경우 수입상은 수출국의 운송스케줄을 확인하기 어렵고 이에 따라 수출상에게 운송계약을 요청하는 경우가 많다. 이러한 경우 수출상은 수입상의 위험과 비용으로 운송계약을 체결하고 이에 따라 운송의 증거서류인 선하증권(또는 복합운송증권)을 수입상에게 제공한다. 이러한 경우 무역계약시 당사자들은 동 사항에 대한 내용을 반드시 무역계약에 포함시켜야 한다. 또한 신용장 결제시 수입상은 수출상의 화환어음 매입시 발생될 수 있는 서류의 불일치에 대한 문제를 인식해야 한다.

연속매매(string sales)는 해상운송 또는 내수로운송을 규율하는 FAS, FOB, CFR 및 CIF규칙에서 존재한다. 물론 복합운송 및 전운송수단을 규율하는 FCA, CPT 및 CIP에서도 연속매매는 적용될 수 있다. 이는 인도된 물품을 조달한다는 표현에 포함된 내용이다. 연속매매는 벌크화물의 거래에 주로 발생하고 다수의 화물중계인이 개입하기 때문에 인도시점과 위험의 이전시점을 명확히 할 필요성이 있다. 예를 들면 철광석의 경우 한국의 제철기업이 철을 생산하기 위해 호주의 철광석채굴기업에 선금을 지급하고 철광석을 요구할 경우 철광석채굴기업은 철광석 중계인을 소개해 준다. 그 이유는 철광석채굴기업은 철광석의 생산에 집중하고 중계인은 이를 중계하고 제철기업은 완제품의 생산에 집중하는 분업체계가 갖추어져 있기 때문이다. 철광석과 같은 1차 산품은 국제시세의 변동이 클 경우 생산업자의 경영상의 위기가 발생할 수 있고 이는 세계경제의 위기로 연결될 수 있다. 이러한 문제를 최소화하기 위해 중계인들이 세계시장에 대한 1차 산품의 수급을 조절하고 시장가격을 안정시키는 역할을 한다. 또한 원재료 조달, 유통 및 완제품 생산의 과정을 분업화함으로서 생산성을 극대화할 수 있고 전방통합이나 후방통합에 따른 기업간 경쟁을 최소화할 수 있다.

INCOTERMS 2020은 연속매매시 물품의 인도시점을 FAS로 할 경우 수출항에서 지정된 선박의 선측에서 FOB, CFR 및 CIF는 수출항에서 지정된 선박의 본선 상에서 물품이 인도되었을 때 인도가 완료된 것으로 본다. 위험의 이전 시점은 이러한 물품의 조달 시점을 기초로(제1의 수입상(중계인)이 물품을 인도받아 물품에 대한 권리가 존재하고) 운송 중 물품이 전매되는 계약이 체결되었을 때를 위험이 다음 단계의 수입상에게 이전하는 것으로 본다.

5.3.3 FAS(inset named port of shipment) Incoterms® 2020

선측인도규칙은 해상운송 또는 내수로운송에만 사용할 수 있고 수출항에서 수입상이 지정한 선박의 선측에 수출상이 수출통관된 화물을 인도했을 때 수출상의 인도의무가 종료되는 것이다. 여기서 선측의 개념은 두 가지로 분류된다. 선박이 부두에 정박해 있는 경우 수출상은 선박의 크레인이 닿을 수 있는 부두의 특정 지점에 화물을 인도해야 한다. 이와는 달리 선박이 외항에 정박해 있는 경우 수출상은 부선을 수배해서 선박의 크레인이 닿을 수 있는 곳까지 화물을 운송해야 할 의무를 지게 된다. FAS에서 선측이란 선박의 크레인이 닿을 수 있는 곳을 의미한다. 비용부담의 분기점은 역시 선측으로 화물을 선박의 크레인이 닿을 수 있는 곳까지 운송하는 비용을 수출상이 부담하게 된다. 따라서 FAS규칙의 위험과 비용의 분기점은 수출항에서 수입상이 지정한 선박의 선측으로 선박의 크레인이 닿을 수 있는 장소까지 수출상은 자신의 위험과 비용으로 화물을 운송하여 인도해야 한다.

5.3.4 FOB(insert named port of shipment) Incoterms® 2020

본선인도규칙은 FAS에 적재비를 수출상이 추가적으로 부담하는 것을 의미한다. 수출상은 수입상이 지정한 선박에 수출통관이 완료된 화물을 내륙운송을 통해 항구로 운송하고 이를 선적하여 선박의 갑판 상에 적재함으로서 의무가 종료된다. 달리 말하면 수출상의 위험과 비용은 수출항의 본선 상에 화물을 인도함으로써 종료되고 동시점부터 수입상의 위험과 비용이 시작된다.

여기서 하역비 부담의무와 선적비, 적재비, 적부비 및 정리비에 대한 설명은 다음과 같다.

〈표 5-1〉 하역비 부담원칙

하역비	선적비	하역비
FI(Free in)	화주	선주
FO(Free out)	선주	화주
FIO(Free in and out)	화주	
Berth term(Liner term)	선주	

〈표 5-1〉은 하역비 부담원칙을 보여준다. 하역비 부담원칙은 선주를 중심으로 작성되었다. FI는 Free in으로 선적시 선주가 책임이 없어 화주가 선적비를 부담해야 하고 하역비는 선주가 부담한다. FO는 Free out으로 하역시 선주는 책임이 없어 화주가 하역비를 부

담하고 선적비는 선주가 부담한다. FIO는 Free in and out으로 선적 및 하역시 선주는 책임이 없어 화주가 선적비와 하역비를 모두 부담한다. Berth term(Liner term)은 선적비 및 하역비를 선주가 모두 부담하고 추후 화주에게 청구하는 방식이다. 컨테이너화물의 경우 Berth term(Liner term)을 채택하여 선사가 선적비 및 하역비를 모두 부담하고 운임의 정산시 이를 추가하여 화주에게 부담시킨다.

하역비 부담원칙이 만들어진 이유는 다음과 같다. FI의 경우 화주는 선적항에 자신이 사용하는 하역회사가 존재하여 동 하역회사를 이용할 경우 화주는 할인을 받을 수 있다. 그러나 하역항에서 화주는 자주 이용하지 않는 항구의 경우 하역회사를 알지 못해 선사에 하역을 의뢰하게 된다. FO는 반대의 경우로 화주는 선적항을 자주 이용하지 않아 선적회사를 알지 못하고 이에 따라 선사에 선적을 요청하게 된다. 그러나 화주는 하역항에서 이용하는 하역회사가 있고 이에 따라 하역은 동 하역회사를 이용하고 할인을 받게 된다. FIO의 경우 화주는 선적항 및 하역항에 거래하는 하역회사가 있어 선적과 하역을 모두 화주가 자사의 거래업체인 하역회사를 이용하고 할인을 받게 된다. 벌크화물은 대부분 용선을 통해 운송을 하게 되고 이러한 이유로 선사와 화주는 용선계약시 선적비 및 하역비에 대한 합의를 해야 한다. 컨테이너화물은 대부분 Berth term(Liner term)을 통해 선사가 선적비 및 하역비를 먼저 지불하고 화주들에게 이에 대한 정산을 실시한다.

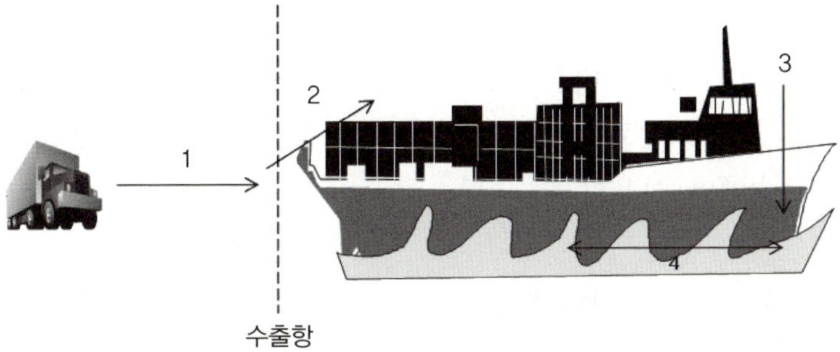

[그림 5-2 선적비, 적재비, 적부비 및 정리비]

[그림 5-2]의 1은 선적비(shipping charge)를 의미한다. 이는 화물을 선박의 선측인 부두까지 운반하는 비용을 나타낸다. 2는 적재비(loading charge)를 의미한다. 이는 화물을 부두에서 선박의 본선에 적재하는 비용을 나타낸다. 3은 적부비(stowing charge)를 의미한다. 이는 화물을 선박의 갑판에서 선창으로 이동하는 비용을 나타낸다. 4는 정리비(trimming charge)를 의미한다. 이는 화물을 선창에서 정리하는 비용을 의미한다. 따라서 벌크화물을 운송하는 용선계약시 화주와 선주는 선적비, 적재비, 적부비 및 정리비에 대한 합의를 해야 한다.

5.3.5 CFR(insert named port of destination) Incoterms® 2020

운임포함규칙은 수출항에서 수출상이 자신이 운송계약을 체결한 선박의 본선에 수출통관된 화물을 인도한 시점에 수출상의 위험은 종료되고 수입항까지의 운임을 수출상이 지불해야 한다. 이는 해상운송 또는 내수로 운송에만 사용할 수 있다.

5.3.6 CIF(insert named port of destination) Incoterms® 2020

운임 및 보험료 포함규칙은 CFR규칙에 해상보험의 부보와 보험료의 지급을 수출상이 추가적으로 이행해야 하는 규칙이다. 수출상은 지정된 수입항까지 운송계약을 체결하고 수출통관된 화물을 선박의 본선 상에 적재한 시점에서 인도가 발생하고 위험은 수입상에게 이전한다. 또한 비용의 이전시점은 수출상이 수입항까지의 해상운임 및 해상보험료를 지불해야 한다. 동 규칙은 해상운송 또는 내수로 운송에만 사용할 수 있다.

여기서 해상보험의 부보의무는 수출상에게 있다. 그러나 위험의 이전은 수출항의 본선 상에 화물이 적재된 경우 수출상으로부터 수입상에게 이전한다. 이 경우 화물의 해상운송 중 발생하는 멸실 및 손상의 위험은 수입상이 책임을 지게 된다. 따라서 수출상은 보험계약자가 되고 수입상은 피보험자가 된다.

5.3.7 CPT(insert named place of destination) Incoterms® 2020

운송비지급인도규칙은 복합운송 및 전 운송방식에 적용할 수 있고 수출상이 수입국의 지정된 목적지까지 운송계약을 체결하여 화물을 운송하고 운임을 지급해야 한다. 그러나 위험의 이전시점은 수출상이 첫 번째 운송인에게 화물을 인도한 시점이 된다. 따라서 수입상은 자신을 위해 화물의 운송 중 발생할 수 있는 멸실 및 손상에 대한 보험을 부보해야 한다.

5.3.8 CIP(insert named place of destination) Incoterms® 2020

운송비 및 보험료지급인도규칙은 복합운송 및 전 운송수단에 사용할 수 있고 CPT규칙에 수출상이 보험의 부보와 보험료의 지급이 추가된 규칙이다. 달리 말하면 수출상은 수출통관이 완료된 화물을 지정된 목적지까지 운송하기 위해 운송계약을 체결하고 운임을 지불하고 운송 중 발생가능한 화물의 멸실 및 손상의 위험을 방지하기 위해 보험계약을 체결하고 보험료를 지급해야 한다. 그러나 위험의 이전시점은 수출상이 화물을 첫 번째 운송인에게 인도한 시점이 수입상의 위험이 시작되는 시점이다. 수출상의 부보의 의무는 ICC(A) 또는 이와 유사한 수준의 담보를 이행하는 보험계약을 체결해야 한다.

5.3.9 DAP(insert named place of destination) Incoterms® 2020

도착지인도는 복합운송 및 전 운송수단에 사용할 수 있고 수출상이 지정된 수입국의 지정된 장소까지 운송계약을 체결하고 운임을 지불하여 화물을 도착시킬 의무가 있다. 또한 수출상은 지정된 지점까지 운송 도중 발생할 수 있는 화물의 멸실 및 손상에 대한 책임을 져야 한다. 수출상과 수입상은 지정된 장소를 명확히 할 필요성이 있다. 그 이유는 화물의 멸실 및 손상의 위험이 인도장소에서 이전하고 동 인도장소까지의 운송계약의 체결과 운임을 수출상이 지불해야 하기 때문이다.

5.3.10 DPU(insert named place of destination) Incoterms® 2020

도착지양하비지급인도규칙은 복합운송 및 전 운송방식에 사용할 수 있고 DAP에 양하비를 수출상이 추가적으로 지급하는 규칙이다. 수출상은 지정된 목적지까지 화물을 운송하기 위해 운송계약을 체결하고 운임을 지불해야 한다. 인도의 시점은 화물이 목적지에 도착하여 운송수단으로부터 양하되어 수입상의 처분하에 있을 때 수출상으로부터 수입상에게 이전한다. 또한 위험의 이전은 지정된 목적지에서 화물을 양하하기까지의 운송 도중 발생할 수 있는 화물의 멸실 및 손상의 위험을 수출상이 부담한다.

5.3.11 DDP(insert named place of destination) Incoterms® 2020

관세지급인도규칙은 복합운송 및 전 운송방식에 사용할 수 있고 수출상이 지정된 목적지까지 수입통관이 완료된 화물을 수입상에게 인도해야 한다. 또한 수출상은 지정된 목적지까지 운송 도중 발생할 수 있는 화물의 멸실 및 손상에 대한 위험을 부담한다. 따라서 DDP 규칙은 수출상의 최대의무부담의 규칙이고 수입상의 최소의무부담의 규칙이다.

CHAPTER

6

신용장

Chapter

6 | 신용장

6.1 • 서론

신용장은 발행은행의 조건부 지급확약으로 발행은행이 수혜자에게 신용장의 내용과 엄밀일치하는 서류를 제시하면 무역계약과 관계없이 대금을 지급하겠다는 약속을 의미한다. 이는 다음과 같은 내용을 포함한다.

6.2 • 신용장 일반

6.2.1 신용장의 정의

신용장은 발행은행의 조건부 지급확약이다. 달리 말하면 신용장은 발행의뢰인인 수입상의 요청에 따라 신용장의 발행은행이 신용장의 수혜자인 수출상의 신용장조건과 일치하는 서류의 제시를 통한 지급요청에 대해 무조건적으로 지급해야 하는 발행은행의 약속을 의미한다.

ICC는 무역업자들의 무역결제에 편의를 주기 위해 기존의 무역결제관행을 집대성해 신용장통일규칙을 만들었고 2007년 개정을 통해 UCP600이 제정되었다. 이는 국제사법으로 무역계약 당사자들이 이를 적용하고자 한다면 무역계약에 명시적으로 나타내야 한다. UCP 500과 UCP 600에서 나타난 신용장의 정의는 다음과 같다.

Article 2 UCP 500 Meaning of Credit

For the purposes of these Articles, the expressions "Documentary Credit(s)" and "Standby Letter(s) of Credit (hereinafter referred to as "Credit(s)", mean any arrangement, however named or described, whereby a bank (the "issuing Bank") acting at the request and on the instructions of a customer (the "Applicant") or on its own behalf,

1. is to make a payment to or to the order of a third party (the "Beneficiary"), or is to accept and pay bills of exchange (Draft(s)) drawn by the Beneficiary, or
2. authorises another bank to effect such payment, or to accept and pay such bills of exchange (Draft(s)), or
3. authorises another bank to negotiate,

against stipulated document(s), provided that terms and conditions of the Credit are complied with.

For the purposes of these Articles, branches of a bank in different countries are considered another bank.

Article 2 UCP 600 The definition of credit

Credit means any arrangement, however named or described, that is irrevocable and thereby constitutes a definite undertaking of the issuing bank to honour a complying presentation.

Honour means:

to pay at sight if the credit is available by sight payment.

to incur a deferred payment undertaking and pay at maturity if the credit is available by deferred payment.

to accept a bill of exchange ("draft") drawn by the beneficiary and pay at maturity if the credit is available by acceptance.

Negotiation means the purchase by the nominated bank of drafts (drawn on bank other than the nominated bank) and/or documents under a complying presentation, by advancing or agreeing to advance funds to the beneficiary on or before the banking day on which reimbursement is due to the nominated bank.

상기 정의에 따르면 신용장을 기초로 발행은행은 신용장에서 요구하는 서류와 일치하는 서류를 제시하는 수출상에게 대금을 지급, 연지급, 인수 또는 매입할 의무가 있다.

6.2.2 신용장의 거래절차

신용장의 거래절차는 다음과 같다.

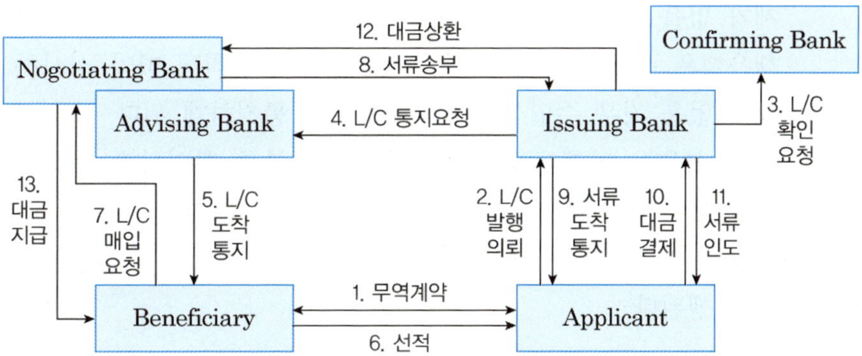

[그림 6-1 신용장거래절차]

[그림 6-1]은 신용장의 거래절차를 보여주고 있다. 동 내용은 이미 제1장에서 학습한 내용이다. 그러나 무역거래에서 대금결제의 중요성과 신용장의 거래절차의 중요성으로 인해 반복학습을 하고자 한다. 그 절차는 다음과 같다.

수출상과 수입상은 매매계약을 체결한다. 무역계약조건 중 대금결제조건이 신용장조건인 경우 수입상은 자신의 거래은행에 신용장의 발행을 요청해야 한다. 발행은행은 요청받은 신용장의 발행조건을 확인하고 신용장을 발행해서 수출상의 지역에 있는 환거래은행인 통지은행에 신용장의 통지를 요청한다. 만일 동 신용장이 확인신용장인 경우 발행은행은 확인은행에 신용장의 확인을 받아야 한다. 통지은행은 신용장의 문면상 진정성을 확인하고 수출상에게 신용장의 도착을 통지해야 한다. 수출상은 신용장의 내용과 계약서의 내용이 일치하는지 여부를 확인하고 문제가 없을 경우 물품을 조달하고 해상운송계약을 체결하여 물품을 선적하게 된다. 수출상은 선하증권, 상업송장, 포장명세서, 원산지증명서 및 기타 신용장에서 요구하는 모든 서류를 엄밀일치의 원칙에 따라 구비하여 매입은행에서 환어음을 발행하여 매입을 요청하게 된다. 매입은행은 수출상이 제시한 서류를 신용장의 내용과 비교하여 엄밀일치의 원칙에 따라 심사하고 문제가 없을 경우 매입을 받아 동 서류를 발행은행으로 송부한다. 발행은행은 송부되어 온 서류를 엄밀일치의 원칙에 따라 심사하고 문제가 없을 경우 수입상에게 서류도착을 통지하게 된다. 수입상은 서류가 신용장 발행계약과 일치하는지 여부를 확인하고 문제가 없는 경우 대금을 지급하고 서류를 인수하게 된다. 발행은행은 지급받은 대금을 매입은행에 상환하게 된다. 이러한 절차를 통해 신용장거래는 이행된다.

6.2.3 신용장의 거래원칙

신용장은 세 가지의 거래원칙으로 독립성, 추상성 및 엄밀일치의 원칙이 있다. 독립성은 신용장의 거래가 근거 계약인 무역계약과 완전히 독립된 계약이라는 것을 의미한다. 이에 따라 거래당사자들은 무역계약을 근거로 신용장의 발행은행에 항변할 수 없다. 이는 신용장거래의 당사자들이 수출상과 수입상을 제외하면 모두 은행이 개입하기 때문이다. 신용장의 거래에 개입하는 은행이 무역계약의 전문가가 아니고 무역결제를 위해 개입하는 은행이기 때문에 독립성이 보장되지 않을 경우 은행 당사자들은 무역계약 상의 내용을 모두 파악해야 하고 무역계약의 내용과 신용장의 내용이 상호 일치하는지 여부를 확인해야 한다. 이러한 문제는 신용장 거래에서 은행들의 참여를 어렵게 하는 근거가 될 수 있어 독립성이 보장되어야 한다.

추상성은 신용장거래가 서류를 취급하는 것이지 물품을 취급하는 것이 아니라는 것을 의미한다. 신용장거래에서 은행들은 무역거래의 과정 중 대금결제에 편의를 주기 위해 신용장거래에 참여하게 된다. 그러나 추상성이 보장되지 않는 경우 은행들은 수출상의 물품에 대한 선적을 직접 확인하기 위해 항구에 가야 한다. 이러한 경우 은행 직원은 보세구역인 항구에 들어가기 위해 다양한 기관을 방문해야 하는 등 문제가 발생하게 되고 무역거래의 편의를 주기 위한 신용장은 이러한 복잡성으로 인해 신용장에 의한 대금결제가 불가능하게 된다. 따라서 신용장에서 추상성이 보장됨으로서 신용장에 참여하는 은행들은 서류만을 가지고 대금지급의 여부를 판단할 수 있다.

엄밀일치의 원칙은 신용장 거래에 참여하는 은행들이 서류를 취급하는 방법을 나타낸다. 즉 신용장거래에 참여하는 은행은 신용장과 관련 서류들 및 서류 상호 간에도 내용이 엄밀일치할 경우에만 대금지급을 결정하게 된다. 은행들은 신용장의 내용과 서류의 내용이 불일치한 경우 대금지급을 거절해야 한다. 따라서 은행들은 대금지급을 결정할 때 엄밀일치의 원칙을 기초로 서류를 심사하고 이를 위해 상당한 주의의무를 다해야 한다.

6.3 • 신용장거래의 참여자

6.3.1 발행은행

발행은행은 발행의뢰인의 발행요청을 받아 신용장을 수출상 앞으로 발행하는 은행이다. 이러한 발행은행은 수출상인 수혜자(beneficiary)에게 신용장에 명시된 조건에 일치하는 모든 서류를 구비하여 제시하는 경우 신용장의 금액을 지급할 것을 확약한다. 신용장을 발급하기 전에 발행은행은 발행의뢰인의 신용도를 평가하여 신용장에 명시된 금액에 대한 지급의 의무를 이행할 수 있는지를 확인한다. 발행은행은 신용장에 필요한 서류의 내용을 발행의뢰인의 요청에 따라 기재한다. 필요한 내용은 신용장의 금액, 만료일, 대금지급을 위해 필요한 서류 및 수출상과 수입상 간에 합의된 다른 특별한 지시사항 등이 포함될 수 있다. 수출상이 신용장의 조건에 따라 필요한 서류를 발행은행에 제시하면 발행은행은 수출상에게 대금을 지급해야 한다. 이러한 대금지급은 수출상과 수입상 간의 무역계약과 관계없이 제시된 서류가 신용장의 조건에 부합한다면 지급되어야 한다. 발행은행은 신용장의 통지은행(수혜자에게 신용장을 통지하는 은행), 확인은행(제3의 유력한 은행으로 동 신용장에 대해 발행은행과 동일한 지급, 연지급, 인수 또는 매입의 의무가 있는 은행), 매입은행(자신의 위험과 비용으로 수혜자로부터 화환어음을 구입하고 동 화환어음의 인수인이 되는 은행) 등과 같은 거래에 관련된 다른 은행과 통신을 해야 한다. 수혜자에게 대금을 지급한 후에 발행은행은 발행의뢰인의 계좌에서 동 대금을 상환을 받거나 발행의뢰인과 합의된 조건에 따라 상환을 조정한다. 따라서 발행은행은 무역거래를 용이하게 하는 데 있어 수출상과 수입상의 양측에게 거래의 위험을 줄이는 안전한 대금지급의 방법을 제공하는 중요한 역할을 한다.

6.3.2 수혜자

신용장의 수혜자는 수출상으로 신용장거래에서 신용장에서 요구하는 모든 조건을 달성하는 서류를 모두 구비하여 발행은행에 대금지급요청을 하여 대금의 지급을 받을 권리가 있는 당사자이다. 수혜자의 의무는 다음과 같다. 수혜자가 대금을 지급받기 위해서는 일차적으로 신용장에서 요구하는 모든 조건을 달성한 서류를 발행은행에 제출해야 한다. 이러한 측면에서 수혜자는 발행은행의 신용장을 신뢰하여 발행의뢰인에게 관련된 서류(특히 화물의 권리를 나타내는 선하증권 등)를 발행은행을 통해 제공하게 된다. 발행은행은 제시된 서류를 엄밀일치의 원칙을 기초로 심사하게 된다. 이후 발행은행은 동 서류에 문제가 없는 경우 대금을 수혜자에게 지급한다. 따라서 수혜자는 대금을 지급받기 위해 신용장에 명시된 조건을 준수해야 한다. 이러한 조건은 신용장에 나타나는 서류로서 선하증권, 상업송장, 포장명세서, 원산지증명서 등을 포함한다. 수혜자가 이러한 서류를 신용장의 조건에 일치하게 구비한 경우 발행의뢰인의 지급 여부와 관계없이 발행은행은 수혜자에게 대금을 지급해야 한다. 따라서 수혜자는 수입상의 매매계약에 따른 대금지급의 약속과 발행은행의 신용장에 따른 지급확약을 받아 안전한 무역거래를 할 수 있게 된다.

6.3.3 확인은행

신용장거래에서 확인은행은 발행은행과는 독립적으로 발행은행이 발행한 신용장을 기초로 발행된 환어음에 대해 지급, 연지급, 인수 또는 매입에 대한 의무를 지는 은행이다. 수혜자가 확인은행의 지정을 요구하는 이유는 발행은행이 잘 알려지지 않은 소규모의 은행이거나 수혜자가 발행은행의 신용을 믿지 못할 경우 제3의 유력한 은행이 발행은행이 발행한 신용장에 대해 독립된 지급확약을 하는 것이다. 일반적으로 확인은행의 역할은 통지은행이 하는 경우가 많다. 그 이유로 통지은행이 수혜자의 주거래은행일 경우가 많아 수혜자는 자신의 주거래은행을 가장 신뢰할 수 있고 이에 따라 통지은행이 확인은행의 역할을 하게 되는 경우가 많다. 따라서 확인은행은 발행은행이 발행한 신용장에 대해 발행은행의 지급여부와 관계없이 수혜자가 지급을 요청하는 경우 대금을 지급하게 된다. 여기서 확인수수료는 일반적으로 수혜자가 지급해야 한다. 그 이유는 수혜자가 발행은행의 신용장에 대한 신뢰성을 높이고 안전한 지급을 보장받기 위해 확인신용장을 발행의뢰인에게 요청하기 때문이다. 그러나 확인수수료에 대한 발행의뢰인과 수혜자 간의 합의가 있다면 동 합의가 적용된다.

6.3.4 발행의뢰인

신용장의 발행의뢰인은 수입상으로 수출상과 무역계약을 체결하고 무역결제를 신용장으로 하기로 한 경우 자신의 거래은행에 정해진 기일 내에 신용장의 발행신청을 해야 한다. 수입상이 거래은행에 신용장의 발행신청을 하는 이유는 발행은행이 신용장을 발행할 경우 발행의뢰인에게 신용장의 금액에 해당하는 담보를 요구하기 때문이다. 달리 말하면 수입상은 자신의 거래은행과 지속적인 거래를 통해 높은 신용을 유지하고 있고 예금 등이 있어 동 예금 등을 기초로 신용장을 발행할 수 있다. 만일 수입상의 신용이 발행하고자 하는 신용장보다 낮은 경우 발행은행은 수입상에게 추가적인 담보를 요구하게 된다. 따라서 수입상은 신용이 있는 자사의 거래은행에서 신용장을 발행하게 되고 이에 따라 수입상을 발행의뢰인(Applicant)이라 한다.

6.3.5 통지은행

통지은행은 발행은행의 환거래은행으로 발행은행이 발행한 신용장에 대해 문면상 진정성을 확인하여 수혜자에게 신용장의 도착을 통지하게 된다. 이 경우 수혜자는 통지은행에 통지수수료를 지급하고 신용장을 인수한다. 또한 통지은행은 일반적으로 확인은행의 역할을 하게 된다. 이는 앞서 설명하였다. 이에 추가해서 통지은행은 매입은행의 역할을 하기도 한다.

6.3.6. 매입은행

매입은행은 발행은행이 발행한 신용장에 대해 수혜자가 신용장에서 요구하는 서류를 제시하고 환어음을 발행하여 화환어음의 매입을 요청하는 은행이다. 이는 매입지정은행과 자유매입은행으로 분류되는데 매입지정은행은 매입지정신용장에서 매입은행으로 지정된 은행으로 수혜자는 동 은행에만 매입해야 한다. 이와는 달리 자유매입은행은 자유매입신용장 하에서 어떠한 은행이라도 매입은행이 될 수 있고 일반적으로 수혜자는 자신의 주거래은행에 매입하게 된다.

매입은행의 의무는 서류검토의 의무이다. 수혜자는 신용장과 신용장에서 요구하는 서류를 신용장의 조건에 엄밀일치하도록 구비하여 매입은행에 제출해야 한다. 이 경우 매입은행은 신용장과 서류 간의 일치성을 확인하고 서류 상호 간의 일치성도 확인해야 한다. 일반적으로 신용장에서 요구하는 서류는 선하증권, 상업송장, 포장명세서, 원산지증명서, 환어음 등이다. 만일 발행의뢰인이 검사증명서를 요구한다면 동 증명서는 신용장에 기재되고 수혜자는 신용장에서 요구하는 검사증명서를 첨부해야 한다. 이렇게 제출된 서류에 대해 매입은행은 엄밀일치의 원칙을 기초로 서류를 확인하고 만일 서류에 문제가 없다면 어음할인방식으로 화환어음에 대해 수혜자에게 대금을 지급하고 자신이 화환어음에 대한 인수인이 되어 신용장거래에 참여하게 된다. 매입은행은 서류를 심사할 수 있는 기간을 5은행 영업일 동안 누릴 수 있다. 서류의 심사가 끝나면 매입은행은 즉시 서류를 발행은행으로 송부해야 한다.

6.3.7 지급은행

지급은행은 발행은행의 예치환거래은행으로 수혜자의 신용장조건에 일치하는 서류의 제시에 대해 서류를 엄밀일치의 원칙에 따라 심사하고 문제가 없는 경우 발행은행의 계좌에서 수혜자에게 대금을 지급한다. 지급은행은 수혜자의 지급요청에 대해 자신의 대금으로 미리 지급하는 것이 아니고 지급은행에 예치된 발행은행의 자금으로 대금을 지급하게 되어 발행은행의 대리인으로 볼 수 있고 이러한 지급방식은 발행은행이 직접 지급하는 것으로 볼 수 있어 수혜자는 환어음을 발행할 필요가 없다. 그러나 일부 영국계 은행의 경우 신용장을 통한 대금지급을 위해 반드시 환어음을 발행해야 한다고 신용장에 규정되어 있고 이 경우 지급은행은 수혜자에게 환어음의 발행을 요구하게 된다. 지급은행의 의무는 수혜자가 제시한 서류가 신용장의 조건과 엄밀하게 일치하는지 여부를 확인해야 한다. 만일 수혜자가 제시한 서류가 신용장의 조건과 불일치하거나 서류 상호 간에 불일치가 있다면 지급은행은 대금의 지급을 거절해야 한다. 따라서 지급은행은 발행은행의 예치환거래은행으로 수혜자의 서류제시에 대해 엄밀일치의 원칙 하에서 서류를 심사해야 하고 서류에 문제가 없을 경우 발행은행의 계좌에서 수혜자에게 대금을 지급해야 한다.

6.3.8 인수은행

인수은행은 발행은행과 환거래은행으로 수혜자의 서류제시에 대해 엄밀일치의 원칙에 따라 서류를 심사하고 서류가 신용장의 조건에 일치할 경우 수혜자의 기한부 환어음을 인수하여 발행은행에 송부할 의무가 있다. 인수은행은 발행은행이 발행의뢰인을 통해 대금을 지급받아 상환할 경우 동 대금을 수혜자에게 지급하게 된다. 만일 인수은행이 자신의 위험과 비용으로 수혜자가 발행한 화환어음을 인수하고자 한다면 인수은행은 수혜자에게 먼저 대금을 지급하고 화환어음에 대한 인수인으로 발행은행에 대금지급을 요청할 수 있다. 따라서 인수은행은 발행은행의 환거래은행으로서 수혜자의 서류제시에 대해 심사할 의무가 있고 동 서류에 문제가 없을 경우 발행은행으로 서류를 송부하여 대금결제를 받아 수혜자에게 대금을 지급하게 된다.

6.3.9 상환은행

신용장거래에서 상환은행은 발행은행을 대리해서 매입은행 또는 확인은행이 신용장에 따라 지급한 금액을 상환하는 은행이다. 상환은행은 신용장의 조건에 따라 수혜자에게 지급된 금액에 대해 매입은행 또는 확인은행에 상환할 의무가 있다. 매입은행 또는 확인은행이 신용장의 조건을 준수한 수혜자에게 지급할 때 이는 본질적으로 발행은행을 대신해 대금을 선지급하는 것이다. 상환은행은 대금상환을 용이하게 하기 위해 매입은행 또는 확인은행과 원활한 의사소통을 해야 한다. 이는 지급요청의 진정성을 확인하고 매입은행 또는 확인은행이 제출한 서류가 신용장의 조건을 준수하는지 확인하는 것을 포함한다. 상환은행이 개입하는 경우는 일반적으로 발행은행과 매입은행 또는 확인은행 간의 환거래계약이 체결되지 않은 경우이다. 이러한 경우 발행은행은 자신과 환거래계약이 체결되고 매입은행 또는 확인은행과 환거래계약이 체결된 은행을 상환은행으로 개입시켜 대금을 상환하게 된다. 상환은행은 대금상환에 대한 수수료를 부과하고 이는 발행은행이 부담하게 된다. 따라서 상환은행은 매입은행 또는 확인은행이 신용장에 따라 선지급하거나 지급한 대금에 대해 상환되는 것을 보장하여 신용장거래에서 발행은행의 대금지급 의무를 이행하는 역할을 한다.

6.4 • 신용장의 장단점

6.4.1 신용장의 장점

신용장은 무역의 당사자로서 수출상과 수입상에게 다양한 장점을 제공한다. 신용장은 수출상과 수입상 모두에게 리스크를 완화해 준다. 수출상은 신용장에서 요구하는 조건에 부합하는 서류를 제시한다면 발행은행에 의해 대금지급이 확약되어 확실한 대금지급을 보장받게 된다. 수입상은 수출상이 신용장에 나타난 조건에 일치하는 서류를 제시한 경우에만 발행은행이 대금을 지급하기 때문에 수출상이 의무를 이행할 것을 확신할 수 있다. 신용장은 양 당사자 모두에게 대금지급의 안정성을 제공한다. 발행은행이 대금지급을 확약하기 때문에 수출상은 신용장의 조건에 일치하는 서류를 제시할 경우 대금지급을 받을 것이라고 확신할 수 있고 수입상은 수출상이 신용장에 나타난 조건에 일치하는 서류를 입수할 것이라는 확신을 가지게 된다. 신용장은 다른 국가의 당사자 간 거래를 위한 신뢰할 수 있는 대금결제방식을 제공함으로써 무역거래에 안정성을 제공한다. 이는 상호 간에 오랜기간 동안 수립된 신뢰관계가 없는 수출상과 수입상 간의 거래를 신용이 높은 은행과의 거래로 전환하는 역할을 하여 무역거래에 신뢰성을 제공하여 무역거래가 활발히 진행되도록 하는 역할을 한다. 신용장은 수출상이 합의된 조건대로 상품을 발송하는 것을 증명하는 서류를 제출하도록 함으로써 무역계약의 조건이 준수되도록 보장한다. 이는 분쟁을 예방하고 양측이 무역계약의 조건을 이행하도록 하는 확실성을 제공한다. 신용장은 수출상이 은행으로부터 자금을 조달하는 데 사용될 수 있다. 신용장을 담보로 내국신용장을 발행하거나 무역금융을 받는 경우 수출상은 낮은 금리로 자금을 조달할 수 있고 이는 현금흐름과 유동성을 개선하는 데 도움이 된다. 신용장은 수입국의 외환사정이 악화된 경우에도 은행의 신용도를 유지하기 위해 신용장 발행분에 대해 외환을 우선 배정하게 되어 거래의 안전성을 제공한다. 따라서 신용장은 리스크 완화, 지불보안, 교역촉진, 계약조건준수, 무역금융혜택 등을 포함하여 무역거래에 많은 장점을 제공한다.

6.4.2 신용장의 단점

상기의 장점에도 불구하고 신용장은 다음과 같은 단점도 있다. 신용장의 거래에서 은행이 거래원칙의 하나로 추상성에 따라 서류만을 가지고 대금결제의 여부를 확인하기 때문에 수출상의 허위서류제출에 대한 위험은 존재한다. 무역거래의 당사자들은 신용장의 사용에 따라 은행이 발행, 수정, 확인 및 통지하는 데 따른 수수료를 지불해야 한다. 이러한 수수료는 수출상과 수입상 양측의 거래비용을 증가시킬 수 있다. 또한 발행은행은 담보물이나 담보금을 요구할 수 있어 수입상의 입장에서 비용적인 부담이 생긴다. 신용장의 거래는 복잡한 절차를 거치고 양 당사자들은 많은 문서와 절차를 이행해야 한다. 양측 모두가 신용장의 조건을 준수해야 하며 이는 신용장과 관련된 지식과 전문성이 필요하다. 문서의 불일치는 대금지급의 지연과 문제 해결을 위한 추가적인 비용을 초래할 수 있다. 수출상과 수입상 간의 신용장의 조건에 대한 해석, 문서의 불일치, 대금지급의 지연 등에 관한 분쟁이 발생할 수 있다. 이러한 분쟁을 해결하는 데는 시간이 걸리며 비용이 발생할 수 있어 거래의 원활성과 당사자 간의 거래관계에 영향을 줄 수 있다. 신용장은 사전에 정의된 조건을 따라야 하는 엄격한 결제수단이다. 신용장의 조건변경이나 수정은 발행은행, 확인은행 및 수혜자의 동의가 필요하다. 이러한 유연성의 부족은 무역거래와 관련한 환경이 변할 수 있는 동적 비즈니스 환경에서 무역거래에 부정적인 영향을 미칠 수 있다. 신용장은 대금지급에 대한 위험을 완화하지만 신용위험을 완전히 제거하지는 못한다. 발행은행이나 확인은행이 파산할 경우 수혜자는 대금을 지급받는 데 어려움이 있을 수 있다. 신용장의 거래는 문서의 불일치나 수정이 필요한 경우 특히 시간이 소요될 수 있다. 신용장의 발행, 수정 또는 처리의 지연은 거래의 적시성에 영향을 줄 수 있으며 비즈니스 기회를 놓치거나 추가 비용이 발생할 수 있다. 따라서 신용장은 무역거래에 안전하고 신뢰할 수 있는 대금결제방식을 제공하지만 허위서류제출, 비용, 복잡성, 분쟁의 가능성, 유연성의 제한, 신용리스크, 시간의 제약 등과 같은 단점이 있으므로 결제방법을 선택할 때 신중히 고려할 필요가 있다.

6.4.3 신용장의 도착시 수출상의 확인사항

신용장이 도착했을 경우 수출상은 다음과 같은 사항을 확인해야 한다.

첫째, 신용장의 진정성을 확인해야 한다. 신용장의 외관상 진정성에 대한 확인의무는 통지은행이 이행해야 한다. 통지은행은 발행은행으로부터 신용장의 통지요청을 받은 경우 동 신용장의 외관상의 진정성을 확인해야 한다. 달리 말하면 실질적인 진정성보다는 신용장의 발행은행이 진정으로 발행한 신용장인지 여부를 확인하는 것이다. 기존의 우편신용장의 경우 발행은행의 은행코드를 확인함으로서 신용장의 진정성을 확인할 수 있었다. 그러나 현재 신용장은 국제은행 간 통신망(SWIFT)에 의해 발행되기 때문에 통지은행은 SWIFT에 의해 발행된 신용장이라는 것을 통지하게 된다. 따라서 신용장의 외관상 진정성은 통지은행에 의해 확인되어야 하고 만일 진정성이 의심된다면 통지거부나 진정성이 의심된다는 내용을 포함하여 통지하게 된다.

둘째, 신용장이 취소불능신용장으로 발행되었는지 여부를 확인해야 한다. 신용장은 취소불능 또는 취소가능으로 발행될 수 있다. 만일 신용장에 취소가능 또는 취소불능에 대한 내용이 포함되어 있지 않다면 이는 취소불능으로 취급된다. 또한 신용장이 조건부를 포함하고 있는지 여부와 대금지급확약에 대한 문언이 있는지도 확인해야 한다.

셋째, 신용장의 준거법을 확인해야 한다. 신용장은 이를 지배하는 준거법이 있고 이에 대한 문언이 신용장에 나타나게 된다. 만일 신용장에 준거법이 나타나 있지 않다면 이는 진정한 신용장인지 여부를 확인해야 한다. 왜냐하면 신용장과 유사한 어음매입수권서, 어음지급수권서 및 어음매입지시서와 같은 지급수단도 신용장과 유사한 형태를 가지고 있다. 따라서 동 신용장이 진정한 신용장인지 여부는 신용장이라는 용어와 신용장통일규칙을 따른다는 문언이 있으면 신용장으로 인정된다. 그러나 신용장통일규칙은 이에 대한 규정을 포함하고 있지 않다. 또한 현재의 신용장은 SWIFT로 발행되기 때문에 준거법의 여부와 관계없이 SWIFT의 규정을 근거로 최근의 신용장통일규칙(현재 UCP600)을 준거법으로 하게 된다.

넷째, 신용장의 내용에서 상호 불일치하는 내용이 있는지를 확인해야 한다. 이는 신용장의 조건 중 내용의 불일치로 인해 이행할 수 없는 경우가 발생할 수 있다. 예를 들면 수출상은 물품의 선적 후에 물품의 수출통관을 이행해야 한다는 내용이 포함되었다면 이는 모순된 내용을 포함하고 있어 수출상이 이행할 수 없는 것이다. 또한 CIP규칙 하에서 운임 후불을 요구하거나 수출국에 존재하지 않는 기관의 증명서를 요구하거나 물품의 선적시 수입상의 물품검사를 요구하는 등의 내용은 수출상이 이행할 수 없는 조건들이다. 따라서 이러한 내용을 면밀히 확인하고 이러한 내용이 있다면 수정을 요구해야 한다.

다섯째, 발행은행의 신용상태를 확인해야 한다. 해외의 발행은행은 민간기업으로 언제든지 대금지급의 불능이나 파산의 가능성이 존재한다. 또한 수입국의 천재지변이나 전쟁의 가능성도 존재한다. 이러한 경우 수출상은 대금지급을 받을 수 없게 되고 동 문제를 수입상과 논의해야 한다. 이러한 위험이 존재할 경우 수출상은 확인은행을 개입시켜 동 문제를 회피할 수 있다.

여섯째, 신용장과 계약서의 내용이 상호 일치하는지 여부를 확인해야 한다. 수출상은 신용장의 도착통지를 받은 경우 신용장의 내용과 계약의 내용이 일치하는지를 확인해야 한다. 이는 품질조건, 수량조건, 가격조건, 선적조건, 대금결제조건, 보험조건, 포장조건, 상사중재조건, 준거법 등 세부적인 내용까지 확인하여 후일의 분쟁을 방지해야 한다. 만일 신용장의 내용이 무역계약조건과 상이하다면 수출상은 수입상에게 신용장의 조건변경을 요구해야 한다.

6.5 • 신용장의 종류

6.5.1 취소불능신용장과 취소가능신용장

신용장은 취소불능신용장과 취소가능신용장 중 하나로 발행될 수 있다. 취소불능신용장은 신용장이 발행된 이후 취소 또는 조건변경이 불가능한 신용장이다. 그러나 발행은행, 확인은행 및 수출상의 명시적인 합의가 있다면 취소 또는 조건변경이 가능하다. 여기서 수입상이 제외된 이유는 신용장의 취소 또는 조건변경은 일반적으로 수출상이 요청하여 수입상이 발행은행에 신청하게 된다. 이러한 경우 발행은행은 확인은행(발행은행과 동일한 화환어음에 대한 지급, 연지급, 인수 또는 매입의 의무가 있기 때문에)에 조건변경을 통지하고 확인을 받아야 하고 수출상에게 자신이 요구한 조건변경의 내용과 일치하는지에 대한 확인을 받아야 한다. 그러나 수입상은 발행은행에 자신이 조건변경을 요청했기 때문에 발행은행이 확인을 받을 필요가 없다. 이와는 달리 취소가능신용장은 발행은행 또는 수입상에 의해 언제든지 취소 또는 조건변경이 가능한 신용장이다. 이러한 이유로 우리나라는 취소가능신용장을 신용장으로 인정하지 않는다. 달리 말하면 취소가능신용장을 받은 수출상은 무역금융의 혜택을 받을 수 없다. 그러나 취소가능신용장은 수출상에 의해 매입된 이후에는 취소불능신용장으로 바뀌게 된다. 그 이유는 매입이 되었다는 것은 매입은행이 동 신용장에 대한 매입을 했다는 것을 의미하고 이러한 경우 발행은행이나 수입상에 의해 동 신용장이 취소 또는 조건변경이 될 경우 매입은행은 선의의 피해를 입게 된다. 따라서 취소가능신용장의 경우 매입이 이행되었다면 이는 취소불능신용장이 된다.

6.5.2 화환신용장과 무화환신용장

화환신용장은 신용장에서 매입시 신용장의 조건에 일치하는 서류를 첨부할 것을 요구하는 신용장이다. 수출상은 화환신용장을 매입할 경우 신용장에서 요구하는 서류인 선하증권, 상업송장, 포장명세서, 원산지증명서 등의 서류를 신용장의 조건에 일치하도록 구비하여야 하고 매입을 위해 매입은행에서 환어음을 발행해야 한다. 무화환신용장은 신용장에 서류가 첨부되지 않는 신용장으로 보증신용장이 대표적인 사례이다. 이는 해외지사의 지급보증, 입찰보증금의 지급 등을 위한 보증신용장, 해외지사의 운영비 지급을 위한 신용장 등이 포함된다. 무화환신용장은 수출상이 서류를 첨부할 필요없이 대금을 지급받을 수 있는 신용장이다.

6.5.3 양도가능신용장과 양도불능신용장

양도가능신용장은 신용장에 반드시 "transferable"이라는 용어가 포함되어 있어야 수출상이 제3자에게 양도할 수 있는 신용장이다. 신용장을 양도하는 이유는 수출상이 무역업자이거나 해외 수입상의 대리인일 경우 신용장의 양도가 발생한다. 또한 미국은 섬유쿼터가 있어 한국의 수출상이 미국에 섬유류를 수출하고자 하는 경우 수출상은 섬유쿼터를 가지고 있는 상사 앞으로 신용장을 양도하여 미국에 수출해야지만 수입상이 미국에서 수입통관이 가능하다. 양도가능신용장의 양도절차는 다음과 같다. 해외로부터 도착한 신용장을 기초로 수출상은 신용장을 제3자에게 양도할 수 있다. 양도할 경우 수출상은 양도은행을 지정하고 동 은행을 통해 제3자에게 신용장금액의 일부 또는 전부를 양도할 수 있다. 또한 분할선적이 가능할 경우 수출상은 신용장의 분할선적분에 대해 분할양도가 가능하다. 이는 6월, 7월 및 8월의 3회 분할선적이 가능할 경우 수출상은 각 달의 선적분에 대해 3명의 양수인에게 분할양도할 수 있다. 신용장을 양도할 경우 신용장의 조건은 반드시 원신용장의 내용과 일치해야 하고 보험의 부보조건은 양수인의 공장까지 확대할 수 있고 신용장의 금액은 감액이 가능하고 신용장의 유효기일 및 최종석적일은 단축이 가능하다. 제1의 수익자는 신용장금액을 초과하지 않는 경우 제2의 수익자의 송장과 환어음을 자신의 서류로 대체할 수 있다. 또한 신용장의 양도는 1회만 가능하다. 달리 말하면 신용장의 양도는 양수인인 제1의 수익자가 제2의 수익자에게 1회만 양도가 가능하다. 분할양도의 경우 분할양도하는 횟수만큼의 제2의 수익자가 있고 그들은 모두 제2의 수익자로 1회 양도로 본다. 그러나 제2의 수익자가 제3의 수익자에게 양도하는 것은 금지되어 있다. 그 이유는 양도와 재양도를 거치게 되면 신용장의 금액이 감액되고 이에 따라 제품의 품질이 계약의 내용보다 열악해질 가능성이 높기 때문이다. 또한 제1의 수익자가 제2의 수익자에게 양도했지만 제2의 수익자가 양수를 포기하여 다시 제1의 수익자에게 권리를 넘기는 것은 금지된 양도에 포함되지 않는다. 양도불능신용장은 양도가 불가능한 신용장이다. 그러나 양도불능신용장 하에서 수출상은 동 신용장을 담보로 내국신용장을 발행하거나 수출금융의 혜택을 받을 수 있다.

6.5.4 지급신용장, 인수신용장 또는 매입신용장

신용장은 지급, 인수 또는 매입 신용장 중 하나로 발행된다. 지급신용장은 발행은행과 예치환거래은행인 지급은행이 개입하고 수출상의 대금지급요청에 대해 지급은행은 발행은행의 계좌에서 대금을 지급하게 된다. 따라서 지급은행은 발행은행의 대리인이 되고 환어음은 발행되지 않는다. 인수신용장은 기한부 신용장으로 발행은행과 환거래은행인 인수은행이 개입하고 수출상의 대금지급요청에 대해 발행은행의 대리인으로서 인수은행은 수출상의 화환어음을 인수하는 방식으로 대금을 지급하게 된다. 이와는 달리 매입은행은 자신의 위험과 비용으로 수출상의 화환어음을 매입하게 된다. 이는 매입은행이 발행은행과 관계가 없이 본인의 의지대로 화환어음을 매입하고 동 화환어음에 대한 인수인이 되어 발행은행에게 대금지급을 요청하게 된다. 따라서 매입신용장 하에서 수출상은 일람불 혹은 기한부에 관계없이 화환어음을 반드시 발행해야 하고 동 화환어음을 매입은행에 매입하게 된다.

6.5.5 확인신용장과 비확인신용장

확인신용장은 수출상이 발행은행의 신용을 믿지 못해 제3의 유력한 은행에 발행은행이 발행한 신용장에 대해 발행은행과 동일한 지급, 연지급, 인수 또는 매입의 의무를 이행할 것을 요청하는 신용장이다. 확인은행은 발행은행의 신용장에 대한 확인요청이 있는 경우 즉시 확인 여부를 답변해야 한다. 또한 확인은행의 확인은 발행은행의 대금지급과는 별개의 독립된 대금지급의 의무이다. 비확인신용장은 확인은행의 확인이 없는 신용장이다.

6.5.6 일람불신용장과 기한부신용장

일람불신용장은 수출상의 대금 지급 요청에 대해 매입은행이 즉시 대금을 지급하는 신용장이다. 달리 말하면 매입은행은 신용장과 관련 서류의 일치성을 확인하기 위해 5은행 영업일을 누릴 수 있고 우편일수 10일(동남아지역은 9일이고 그 외의 지역은 10일)과 발행은행의 서류심사기간 5은행 영업일을 포함하여 20일 간의 이자를 공제하고 수출상에게 화환어음의 대금을 지급하게 된다. 따라서 일람불신용장이란 발행은행이 수입상에게 서류의 도착에 따른 대금지급을 요청하는 경우 수입상이 즉시 대금을 지급하고 서류를 인수하는 신용장을 의미한다. 이와는 달리 기한부신용장이란 매입은행이 상기의 20일과 기한부의 기간의 이자(예를 들면 환어음이 30 days after sight로 발행된 경우는 30일간의 이자)를 공제하고 수출상에게 화환어음의 대금을 지급하게 된다. 따라서 기한부신용장이란 발행은행이 수입상에게 서류의 도착에 따라 서류를 인수하라는 지시를 하게 되면 수입상이 발행은행에서 서류의 인수에 대한 서명을 하고 인수기간의 최종일까지(상기 30 days after sight의 경우 서류의 인수일의 다음 날부터 계산해서 30일이 되는 날까지) 대금을 발행은행에 지급해야 한다.

6.5.7 자유매입신용장과 매입제한신용장

자유매입신용장은 어떤 은행이라도 매입은행이 될 수 있는 신용장이다. 달리 말하면 수출상은 어떠한 은행에서라도 매입을 이행할 수 있다. 이와는 달리 매입제한신용장은 신용장에 매입은행이 지정되어 있고 수입상은 동 지정된 은행에 매입해야 한다.

6.5.8 상환청구가능신용장과 상환청구불능신용장

만일 신용장을 기초로 한 화환어음이 부도가 난 경우 매입은행이 대금을 지급한 수출상으로부터 대금을 돌려받을 수 있는 신용장은 상환청구가능신용장이고 그렇지 못한 신용장은 상환청구불능신용장이다. 한국의 어음법은 상환청구가능어음만이 어음으로 인정된다. 따라서 상환청구불능신용장은 한국에서 신용장으로 인정받지 못한다.

6.5.9 전대신용장과 보증신용장

전대신용장은 수출상이 서류를 제시하기 전에 발행은행으로부터 대금을 지급받는 신용장이다. 수출상은 물품을 선적한 이후에 서류를 은행을 통해 제출해야 한다. 이는 수입상이 수출상에게 대금을 선불로 지급하고 추후에 물품과 관련된 서류를 인도받는 것을 의미한다. 보증신용장은 무화환신용장으로 서류가 첨부되지 않는 신용장이다. 이는 주로 국제입찰시 입찰보증금을 신용장으로 제출하는 경우, 해외지사의 운영자금을 신용장으로 지급하는 경우, 계약의 이행을 위한 이행보증금을 신용장으로 지급하는 경우 등의 보증을 위해 신용장을 사용할 경우 발행된다.

6.5.10 회전신용장과 내국신용장

회전신용장은 일정 기간이 지나면 신용장이 자동적으로 갱신되는 신용장이다. 이는 수출상과 수입상이 반복적인 거래를 이행할 경우 유용하다. 예를 들면 제조업체인 수입상이 원재료 공급업체인 수출상으로부터 매달 10톤의 원재료를 공급받는다. 이 경우 수입상은 회전신용장을 발행하여 매월 10일 갱신되게 하면 수출상은 한 장의 신용장으로 매달 동일한 원재료를 수출하고 대금결제를 받을 수 있다. 내국신용장은 수출상이 해외에서 도착된 원신용장을 담보로 국내 공급업자에게 내국신용장을 발행하여 물품을 조달하게 된다. 내국신용장은 수출상에 대한 무역금융을 제공하는 것이다. 원재료 공급자가 해외에 있을 경우 해외의 공급자에게 발행하는 신용장은 baby L/C 라고 한다.

6.6 • 하자있는 서류

하자있는 서류는 수출상이 은행에 제출한 서류가 신용장의 조건에 불일치하거나 서류 상호 간의 내용이 불일치하는 경우를 말한다. 이러한 하자있는 서류를 제시한 경우 수출상은 은행으로부터 대금을 지급받지 못하게 된다. 따라서 수출상은 신용장의 조건을 면밀하게 확인하여 일치하는 서류를 제시할 필요가 있다.

하자있는 서류가 매입은행에 제시되고 매입은행이 서류를 심사하는 과정에서 하자를 발견할 경우 매입은행은 이를 수출상에게 통보하고 수출상은 하자의 내용을 확인하고 이를 수정해야 한다. 신용장은 서류매입에 대한 내용을 포함하고 있고 하자있는 서류의 매입시 수출상이 이에 대한 벌과금을 지급하도록 규정하고 있다.

하자있는 서류의 매입방법은 다음과 같다. 첫째, 수출상은 수입상에게 신용장의 조건변경을 요청한 이후에 매입하는 방법이다. 수출상은 충분한 시간이 있을 경우 수입상에게 하자의 내용을 알리고 동 하자의 내용에 일치하도록 신용장의 조건을 변경할 것을 요구할 수 있다. 이 경우 수입상은 발행은행에 신용장의 조건변경을 요청하고 발행은행은 동 조건변경의 내용을 확인은행과 수출상에게 통지하여 신용장의 조건을 하자의 내용과 일치하도록 변경하게 된다.

둘째, 매입은행이 발행은행에 하자에 대한 전신조회를 한 이후에 매입하는 방법이다. 수출상은 하자의 내용이 무역거래에 영향을 미치지 않는 경미한 부분일 경우 수입상에게 하자의 내용을 설명하고 발행은행에 요청하여 동 하자부분에 대한 서류의 불일치를 용인할 것을 요청한다. 이 경우 매입은행은 발행은행에 동 하자를 용인할지 여부를 전신조회하고 발행은행이 동 하자를 문제삼지 않을 경우 수출상에게 대금을 지급할 수 있다.

셋째, 수출상이 매입은행에 하자에 대한 보증을 하고 매입하는 방법이다. 이는 수출상이 매입은행에 매입한 서류에 하자가 발견되었지만 수출상의 보증에 기초해 대금을 지급하고 이에 따라 매입은행이 발행은행에 상환을 요청하였을 때 대금지급이 거절될 경우 수출상이 지급받은 대금을 매입은행에 돌려주겠다는 각서를 쓰고 매입하는 것이다. 이러한 보증에 기초한 매입은 수출상이 수입상에게 동 하자의 내용을 알리고 발행은행에 요청하여 동 하자를 용인할 것을 요청해야지만 가능하다.

넷째, 수출상은 신용장을 포기하고 추심방식으로 매입하는 방법이다. 이는 수출상이 서류의 하자로 인해 신용장의 이점인 발행은행의 조건부 지급확약을 포기하고 추심방식으로 대금결제방식을 바꾸어 매입하는 것이다. 추심방식에서 추심의뢰은행은 서류의 제출여부만을 확인하고 서류심사의 의무가 없기 때문에 환어음에 의한 대금지급이 가능하다. 그러나 하자의 내용이 무역거래를 완성하는데 있어 심각한 문제가 있는 것이라면 수입상에 의한 대금지급이 거절되어 수출상은 부도어음에 의한 상환청구를 받게 될 가능성이 있다.

요약하면 수출상은 하자있는 서류에 대한 매입방법으로 신용장 조건변경 후 매입, 전신조회 후 매입, 보증부 매입 또는 추심방식의 매입을 활용할 수 있다.

Letter of Credit

*Advice Br: Shinhan Bank *Advice Date : 06.09.2025

Advice of
Issue of Documentary Credit

Advice No : A-0375-124-5804
*Credit No : A9912241

*Beneficiary: Daeyang Fisheries Commercial Co., LTD.
1 Centerum, Haeundae-Gu, Busan, Republic of Korea
Tel : + 82-2-457-5804

*Applicant: ANSO NYLON Co.,Ltd.
82 Church ST., New York, N.Y. 10007, U.S.A
Tel : +1 516-247-7006
Fax : 82 - 585-697-5110

*Amount : US$ 5,100
*Expiry Date : 08.07.2025
*Issue Bank : The Mellon Bank of New York

Dear Sir/Madam,

At the request of the issuing bank and without any engagement of responsibility on our part, we are pleased to inform you that we have received the following authenticated teletransmission dated 06.07.2025

◎ 700 Issue of a documentary credit
From: The Mellon Bank of New York To: Shinhan Bank

:27 Sequence of Total: 1/1
:40A Form of Documentary Credit Number: Irrevocable
:20 Documentary Credit Number: A9912241
:31C Date of Issue : 06.07.2025
:31D Date and Place of Expiry: 08.07.2025, Republic of Korea

:50 Applicant: ANSO NYLON Co.,Ltd.
82 Church ST., New York, N.Y. 10007, U.S.A

:59 Beneficiary: Daeyang Fisheries Commercial Co., LTD.
1 Centerum, Haeundae-Gu, Busan, Republic of Korea

:32B Currency Code Amount: US$ 5,100

:39B Maximum Credit Amount: Not Exceeding

:41A Available with ...By...: Any Bank by Negotiation

:42C Drafts At...: at sight

:42A Drawee: Mellon Bank, New York

:43P Partial Shipment: Allowed

:43T Transshipment: Allowed

:44A Loading/Dispatch/Taking in Charge at/from: Busan, Republic of Korea

:44B For Transportation to...: New York, U.S.A

:44C Last Date of Shipment: 07.20.2025

:45A Description of Good and/or Services
the Canned Top-shell, Seasoned 300 Cases
At USD 7.00 per case CIF New York, U.S.A

:46A Documents Required

+ Singed Commercial Invoice in triplicate
+ Packing List in triplicate
+ Full set of clean on board ocean bill of lading made out to order of Mellon Bank, New York and marked freight prepaid and notify applicant.
+ Certificate of Origin in Duplicate
+ Marine Insurance policy or certificate in duplicate blank endorsed for full CIF value plus 10 percent covering Institute Cargo Clause (A), War and SRCC clauses.

:47A Additional Conditions
All document must bear out our Credit Number A9912241
Third party document acceptable

:49 Confirmation Instructions: Without

:53A Reimbursing Bank: Flag Star Bank, U.S.A

:71B Charges: All Banking commissions and charges including reimbursement outside U.S.A are for account of beneficiary

:49 Confirmation Instructions: Without

:78 Instruction to pay/acc/neg bk: For your payment under said credit and against presentation of fully conforming with documents, please reimburse yourselves under swift advice to us before 4 working days for reimbursement.

CHAPTER

7

신용장통일규칙

Chapter

7 | 신용장통일규칙

7.1 • 신용장통일규칙의 적용범위

신용장통일규칙인 UCP600은 ICC에 의해 2007년에 제정되었고 신용장의 문면상에 UCP600이 적용된다는 것을 명시적으로 나타낸 경우에 적용된다. 그러나 SWIFT로 발행된 신용장은 SWIFT의 규정에 따라 적용에 대한 표현과 관계없이 가장 최근의 개정된 UCP가 적용된다. 또한 UCP600은 신용장에 명시적으로 적용이 배제되지 않는 한 모든 당사자들을 구속한다.

7.2 • 정의

관련 은행은 수출상에 의해 서류가 제시된 경우 서류를 심사해야 한다. 이 경우 일치하는 제시(complying presentation)란 신용장의 조건에 일치해야 하고 UCP600의 규정에 일치해야 하고 국제표준은행관행에 일치하는 제시를 의미한다. 확인(confirmation)은 일치하는 제시에 대해 지급 또는 매입하겠다는 발행은행의 확약에 추가하는 확인은행의 확약을 나타낸다. 신용장(credit)은 명칭에 관계없이 수혜자 등의 일치하는 서류의 제시에 대해 발행은행이 대금을 지급하겠다는 취소불능적인 약속을 의미한다. 대금결제(honour)는 일람불신용장의 경우 일람지급, 연지급신용장의 경우 연지급확약 후 만기지급 및 인수신용장의 경우 인수 후 만기지급을 의미한다. 매입

(negotiation)은 일치하는 제시에 대해 지정은행 이외의 은행 앞으로 발행된 어음과 서류에 대해 지정은행이 지급하는 것을 의미한다. 제시(presentation)는 발행은행이나 지정은행에 대한 서류의 인도 또는 그렇게 인도된 서류를 의미한다.

7.3 • 신용장의 해석

신용장은 취소가능 또는 불능을 표시하고 있지 않다면 취소불능으로 본다. 서명은 자필, 팩시밀리, 천공, 도장, 상징 또는 기타 기계식 또는 전자식으로 서명된 서류를 인정한다. 법률적인, 사증적인, 공인된 기타 유사한 서류는 동 서류상에 서명, 표시, 도장 또는 라벨이 나타나야 한다. 서로 다른 나라에 위치한 지점 또는 본점은 다른 은행으로 본다. 서류발행에 사용된 일류의(first class), 저명한(well known), 적격한(qualified), 독립적인(independent), 공식적인(official), 유능한(competent) 또는 현지의(local)와 같은 용어는 수혜자를 제외하고 서류를 발행하는 발행자가 사용할 수 있다.

신용장에서 사용된 promptly, immediately, as soon as possible과 같은 표현은 무시해도 좋다. 이는 선적일자에 주로 사용되고 상기 표현을 포함하고 있는 경우 기준일자를 특정할 수 없기 때문에 이를 무시하도록 권고하고 있다. 또한 선적일자와 관련하여 날짜 앞에 on or about이 포함된 경우 해당 일자를 기준으로 전 5일 및 후 5일을 선적일자로 한다. 예를 들면 선적일자가 on or about 10 May 2025로 나타난 경우 선적일자는 2025년 5월 5일부터 2025년 5월 15일까지가 된다. 달리 말하면 선하증권의 발행일자가 상기 일자에 들어가야지만 신용장의 조건에 일치하는 선하증권이 된다. 또한 선적일자와 관련하여 from, to, till, until 및 between이라는 용어가 쓰일 경우 당해 일자는 포함되고 before 및 after이라는 용어가 쓰일 경우 당해 일자는 제외된다. 예를 들면 선적일자가 from 10 May 2025 to(till or until) 10 June 2025로 나타날 경우 선적일자는 2025년 5월 10일부터 2025년 6월 10일까지이고 선하증권이 동 기간 내에 발행되어야만 신용장의 조건에 일치하는 선하증권이 된다. 또한 between이 선적일자와 관련해 사용된 경우는 between 10 May 2025 and 10 June 2025로 나타나게 된다. 그러나 before와 after가 사용된 경우 당해 일자는 제외된다. 예를 들면 선적일자가 from 20 July 2025 before 20 August 2025일 경우 선하증권의 발행일이 2025년 7월 20일부터 2025년 8월 19일 사이에 나타나야 신용장의 조건에 일치하는 선하증권이 된다. 또한 환어음의 만기일과 관련해 from과 after이라는 용어가 사용되면 당해 일자는 제외된다.

신용장은 계약이나 이를 기초로 한 다른 계약과는 별개의 계약이다. 신용장에 그러한 내용이 있더라도 은행은 이에 구속되지 않는다. 신용장에 의한 대금지급, 매입 또는 다른 의무이행의 확약에 대한 은행의 의무는 발행은행과 수혜자 간의 관계를 기초로 한 발행의뢰인에 의한 주장이나 항변에 구속되지 않는다. 수익자는 발행의뢰인과 발행은행 간 또는 은행 간 존재하는 계약관계를 이용할 수 없다. 발행은행은 발행의뢰인이 근거계약, 견적송장 등과 같은 서류의 사본을 신용장의 일부로 포함시키려는 시도를 막아야 한다. 또한 은행은 서류를 취급하는 것이지 서류와 관련된 물품, 서비스 또는 의무의 이행을 취급하는 것이 아니다.

7.4 • 신용장의 이용가능성

신용장은 이용가능한 은행을 표시하거나 어떤 은행에서도 이용가능하다는 것을 표시해야 한다. 지정은행에서 대금지급이 가능한 신용장은 발행은행에서도 대금지급을 할 수 있다. 신용장은 일람불 지급, 연지급, 인수 또는 매입 중 어떤 형태로 이용할 수 있는지를 나타내야 한다. 이는 신용장이 발행될 때 일람불 지급, 연지급, 인수 또는 매입 신용장과 같이 어떤 하나의 신용장으로 발행되어야 한다는 것을 의미한다. 달리 말하면 지급신용장은 제시한 후 즉시 지급, 연지급신용장은 연지급 기간의 종료 후 확정일 지급, 인수신용장은 기한부 지급 또는 매입신용장은 일람불 또는 기한부 어음에 의한 지급 중 어떤 하나로 발행된다는 것을 의미한다. 또한 신용장은 발행의뢰인을 지급인으로 하는 환어음을 발행해서는 안된다(제6조 c). 신용장은 발행은행의 조건부 지급확약이고 환어음의 지급인은 신용장의 발행인인 발행은행이 되어야 한다. 따라서 이는 발행의뢰인이 환어음의 지급인이 되어서는 안되고 발행은행이 환어음의 지급인이 되어야 한다는 것을 의미한다.

7.5 • 발행은행과 확인은행의 의무

신용장은 발행은행에서 일람불 지급, 연지급 또는 인수에 의해 대금이 지급되어야 한다. 만일 지정은행이 일람불, 연지급, 인수 또는 매입에 의해 수혜자에게 대금을 지급하지 않았다면 발행은행은 대금을 지급해야 한다. 발행은행은 일치하는 제시에 대해 지정은행에 대해 대금을 상환할 의무가 있다. 확인은행은 상기의 대금지급의무를 발행은행과 독립적으로 지게 된다. 또한 신용장이 확인은행에서 지급될 수 있다면 확인은행은 상환청구권이 없이 신용장의 대금을 지급해야 한다. 발행은행이 확인요청을 포함한 신용장의 통지를 요청했을 때 확인의 준비가 되지 않은 통지은행은 지체없이 확인거절의사를 발행은행에 알리고 확인 없이 신용장을 수익자에게 통지해도 좋다.

7.6 • 신용장의 조건변경 또는 취소

신용장의 조건변경 또는 취소는 일반적으로 수출상의 요청에 의해 수입상이 발행은행에 요청하여 이루어진다. 발행은행은 신용장의 통지은행을 통해 수출상에게 신용장의 조건변경 또는 취소의 내용을 통지하고 동의를 받게 된다. 또한 발행은행은 확인은행(만약에 있을 경우)에게 신용장의 조건변경 또는 취소에 대한 동의를 받아야 한다. 따라서 신용장의 조건변경 또는 취소는 발행은행, 수익자 및 확인은행(만약에 있을 경우)의 조건변경 또는 취소에 대한 명시적인 동의가 있어야만 가능하다.

조건변경에 대한 진정성이 증명된 신용장의 전신문이나 조건변경은 유효한 신용장이나 조건변경으로 간주한다. 이에 추가한 우편확인서는 무시된다. 그러나 전신문에 추후 세부사항이 송부될 것이라는 표현이 있다면 이는 우편확인서가 유효한 신용장이나 조건변경서가 되고 전신문은 유효하지 않다. 또한 만일 신용장의 발행이나 조건변경에 대한 사전통지가 있다면 발행은행은 지체없이 이와 일치하는 신용장을 발행하거나 조건변경을 해야 한다.

신용장의 조건변경에 대해 수출상이 이를 수락할 때까지 원신용장의 효력은 유효하다. 수출상은 신용장의 조건변경에 대한 통지를 받았을 때 즉시 동의의 여부를 통지은행에 알려야 하고 이를 행하지 않고 조건변경에 일치하는 서류를 제시한 경우 조건변경에 동의하는 것으로 간주하고 그 순간부터 신용장의 조건은 변경된 것으로 본다. 조건변경에 대해 일부만 수락하는 것은 조건변경에 대한 거절의 표시이다. 또한 조건변경에 대해 수익자가 일정 기간 내에 조건변경에 대한 거절을 표시하지 않는 경우 조건변경이 효력을 발생한다는 내용은 무시되어야 한다.

7.7 • 은행 간 상환약정

신용장에 상환은행이 지정은행에 대금을 상환하도록 명시되어 있다면 동 신용장은 발행일에 은행 간 상환에 대한 ICC규칙(ICC 은행 간 화환신용장 대금상환에 관한 통일규칙)이 적용된다는 것을 포함해야 한다. 만일 그렇지 않다면 발행은행은 신용장의 내용과 일치하도록 상환에 대한 권한을 상환은행에 제공해야 하고 동 상환권한은 신용장의 만기일이 지나도 유효한 것이다. 상환은행은 지정은행에 신용장의 제조건에 일치한다는 증명서를 요구해서는 안된다. 만일 지정은행이 신용장의 제 조건에 일치하는 대금지급요청에 대해 상환을 받지 못한다면 발행은행은 이에 따라 발생된 비용과 함께 이자도 지급해야 한다. 상환은행의 수수료는 발행은행이 부담해야 한다. 그러나 동 수수료를 수혜자가 부담한다면 발행은행은 그러한 내용을 신용장과 상환수권서에 기재해야 한다. 이러한 경우 발행은행은 상환 시 지정은행에 지급할 금액에서 동 수수료를 공제하고 지급하게 된다. 만일 상환은행이 상환요청에 대해 상환이 이루어지지 않았다면 발행은행은 대금지급의무를 이행해야 한다.

7.8 • 서류에 대한 심사

지정은행, 확인은행 및 발행은행은 서류의 제시에 대해 일치하는 서류의 제시인지 여부를 서류만을 가지고 결정해야 한다. 동 은행들은 일치하는 서류의 제시 여부를 판단하기 위해 제시일의 다음 날부터 계산하여 5은행 영업일 동안 심사기간을 누릴 수 있다.

지정은행, 확인은행 및 발행은행은 운송서류의 제시가 선적일 이후 21일이 경과하여 제시된 서류를 수리해서는 안되고 이러한 서류의 제시는 신용장의 유효기일보다 늦게 이행되어도 안된다. 그러나 신용장 상에 stale B/L acceptance라는 문구가 있다면 은행은 21일이 경과한 선하증권도 수리할 수 있다. 지정은행은 지급은행, 인수은행 또는 매입은행과 같이 발행은행이나 상환은행에 대금지급을 청구하는 은행을 의미한다. 확인은행은 발행은행과 동일하게 신용장을 기초로 발행된 화환어음에 대한 지급, 연지급, 인수 또는 매입에 대한 의무가 있는 은행이다. 이에 추가해서 신용장의 유효기일은 수출상이 신용장의 조건에 일치하는 서류를 구비하여 지급, 연지급, 인수 또는 매입을 할 수 있는 최종일자를 의미한다. 따라서 수출상은 신용장의 유효기일 내에 은행에 대금지급을 요청해야 한다.

신용장, 국제표준은행관행 및 서류상에 나타나는 자료(data)는 다른 서류나 신용장에서 나타난 자료(data)와 동일할 필요는 없지만 상호 충돌해서는 안된다. 또한 상업송장 이외의 서류에 나타난 물품, 서비스 또는 의무의 이행과 관련한 내용은 신용장의 내용과 상호 모순되지 않는 일반적인 용어로 기재되어도 좋다. 운송서류, 보험서류 및 상업송장 이외의 서류에 대해 신용장이 발행인이나 자료(data)의 내용을 요구하고 있다면 은행은 동 발행인이나 내용을 포함하고 있는 서류를 수리해야 한다. 수출상이 신용장에서 요구하지 않은 서류를 제시한 경우 은행은 이를 무시하거나 수출상에게 반환할 수 있다. 서류의 정확한 명칭이 기재되지 않고 조건만 제시된 경우 은행은 그러한 조건이 나타나지 않은 것으로 간주하거나 그러한 내용을 무시해도 좋다. 서류는 신용장의 발행일 이전에 발행되어도 되지만 제시일자보다 늦게 발행되어서는 안된다.

7.9 • 일치하는 제시

발행은행은 일치하는 제시에 대해 대금을 지급해야 하고 확인은행은 일치하는 서류의 제시에 대해 대금지급 또는 매입을 해야 하고 동 서류를 발행은행에 송부해야 한다. 지정은행은 일치하는 서류의 제시에 대해 대금지급 또는 매입을 해야 하고 동 서류를 발행은행 또는 확인은행에 송부해야 한다.

7.10 하자있는 서류

지정은행, 확인은행 및 발행은행은 제시된 서류가 신용장의 조건과 불일치한 경우 대금지급이나 매입을 거절한다. 이러한 경우 발행은행은 발행의뢰인과 서류의 하자에 대한 권리포기를 위해 교섭할 수 있다. 발행은행, 확인은행 또는 지정은행은 대금지급을 거절하고자 할 경우 서류의 제시자에게 대금지급 또는 매입의 거절, 각 서류 불일치의 사유, 은행의 서류보관, 발행의뢰인의 권리포기 및/또는 은행의 서류반환에 대한 사실을 알려야 한다. 신용장에 나타난 서류들은 적어도 한 통의 원본은 제시되어야 한다.

7.11 상업송장

상업송장은 수입상 앞으로 수출상이 발행하는 대금지급과 관련된 서류로 반드시 신용장과 동일한 통화로 작성되어야 하고 신용장에서 서명을 요구하지 않는 경우 서명할 필요는 없다. 상업송장의 통화와 신용장의 통화가 동일한 통화로 발행되어야 하는 이유는 다른 통화로 발행될 경우 변동환율제도 하에서 매일 금액이 달라지기 때문이다. 지정은행, 확인은행 및 발행은행은 신용장의 금액을 초과해서 발행된 상업송장을 수리할 수 있다. 또한 상업송장에 나타난 물품, 서비스 또는 의무의 이행은 신용장의 내용과 일치해야 한다.

7.12 • 복합운송서류

복합운송서류는 운송인의 명칭을 표시하고 운송인, 운송인의 대리인, 선장 또는 선장의 대리인의 서명을 표시해야 한다. 물품이 신용장에 표시된 장소에서 발송, 수탁 또는 선박에 적재되었다는 것은 인쇄된 문구, 도장 또는 부기로 표시되어야 한다. 이 경우 이를 선적일로 본다. 이러한 표시가 없는 경우 발송일, 수탁일 또는 선적일은 운송서류의 발행일이 된다. 복합운송서류가 추가적인 발송지, 수탁지 또는 선적지를 표시하고 있더라도 또는 선박, 선적항 또는 하역항과 관련하여 예정된(intended)이라는 표시가 되어 있더라도 복합운송서류는 신용장에 표시된 발송지, 수탁지, 선적지 및 최종목적지를 표시해야 한다. 용선계약을 표시한 복합운송서류는 수리되지 않는다. 환적을 표시하고 있는 복합운송서류는 신용장에서 환적을 금지하고 있더라도 수리된다.

7.13 • 선하증권과 해상화물운송장

선하증권은 운송인, 운송인의 대리인, 선장 또는 선장의 대리인의 서명이 있어야 한다. 물품이 신용장에 나타난 선박의 본선에 적재되었다는 것은 선하증권의 본선적재 인쇄문언, 본선적재표기, 예정된 선박의 경우 실제 선박명과 선적일이 선하증권에 표시되어야 한다. 또한 선하증권은 선적항과 하역항을 표시해야 하고 발행된 원본 전통이 제시되어야 한다. 용선계약 선하증권은 수리되지 않는다. 선하증권이 환적에 대한 내용을 포함하고 있는 경우 물품이 컨테이너, 트래일러 또는 래시바지선(lighter aboard ship: LASH)에 선적되었다는 것을 포함하는 선하증권은 신용장에서 환적을 금지하더라도 수리가 가능하다. 선하증권에 운송인이 환적할 권리를 보유한다는 내용은 무시한다.

7.14 용선계약 선하증권

용선계약 선하증권은 선장, 선장의 대리인, 선주, 선주의 대리인, 용선자 또는 용선자의 대리인의 서명이 있어야 한다. 물품이 신용장에 기재된 선적항에서 본선적재가 되었다는 인쇄된 문구나 본선적재 표기가 있어야 한다. 이러한 표기가 없는 경우 선하증권 발행일을 선적일로 본다. 용선계약 선하증권은 신용장에 표시된 선적항에서 선박의 본선에 물품이 적재되었다는 것을 표시해야 한다. 서류제출 시 용선계약 선하증권 전통이 제시되어야 한다. 만일 신용장이 용선계약서를 요구할지라도 은행은 용선계약서를 심사하지 않는다. 이는 은행이 용선계약서의 내용을 심사하지 않는다는 것을 의미하는 것이지 은행이 용선계약서를 수리하지 않는다는 것을 의미하는 것은 아니다.

7.15 항공운송서류

항공운송서류는 운송인의 명칭을 표시하고 운송인 또는 대리인이 서명해야 한다. 항공운송서류는 물품의 운송을 수락했다는 것을 표시해야 하고 발행일을 표시해야 한다. 만일 선적일이 표시되지 않았다면 발행일을 선적일로 본다. 만일 항공운송서류의 발행일과 선적일이 모두 표시되었다면 기재된 선적일을 진정한 선적일로 본다. 항공운송서류는 신용장에 기재된 출발항과 도착항을 표시해야 한다. 비록 신용장이 항공운송서류 전통을 요구할지라도 송하인용 또는 수하인용 원본을 제출하면 된다.

7.16 • 도로, 철도 또는 내수로 운송서류

도로, 철도 또는 내수로 운송서류는 운송인의 명칭을 포함해야 하고 운송인 또는 대리인의 서명, 도장 또는 부기에 의해 물품의 수령을 표시해야 한다. 동 서류는 신용장에 표시된 장소에서 선적일 또는 물품의 수령일이 표시되어야 한다. 동 서류에 선적일에 대한 표시가 없다면 서류의 발행일을 선적일로 본다. 도로운송서류는 송하인용 또는 수하인용 원본으로 표시되거나 이들을 제외한 특정인을 위해 작성되었다는 표시가 없어야 한다. 도로운송서류는 복본(duplicate)으로 표시된 서류를 원본으로 취급한다. 철도 또는 내수로 운송서류는 원본표시에 관계없이 원본으로 취급한다. 동 운송서류에서 발행된 원본의 통수에 대한 표시가 없는 경우 제시된 통수는 원본 모두가 제시된 것으로 본다.

7.17 • 특송영수증, 우편영수증 등

특송영수증 등은 신용장에 물품의 선적을 위해 기재된 장소에서 특송업체가 물품을 수령하기로 한 장소에서 물품을 수령하고 도장을 찍거나 서명을 해야 한다. 또한 특송영수증은 집배나 수령일자가 나타나야 하고 이는 선적일로 본다.

7.18 • 갑판적재와 부지약관

운송서류는 화물이 갑판적재되거나 될 것이라는 표시를 해서는 안된다. 그러나 컨테이너화물은 기본적으로 갑판적재를 가정하고 있기 때문에 수리가 가능하다. 벌크화물의 경우 갑판적재된 화물은 해상에서 위험이 발생할 경우 공동해손에 의해 화물이 멸실 및 손상될 위험이 높아 갑판적 표시가 있는 선하증권 등의 운송서류는 수리될 수 없다. 이와는 달리 컨테이너화물은 컨테이너선의 갑판에 컨테이너를 적재하기 때문에 갑판적재된 선하증권을 은행은 수리해야 한다. 또한 부지약관을 포함하고 있는 운송서류는 수리될 수 있다. 부지약관은 shipper's load and count 또는 said by shipper to contain이라는 내용을 선하증권이 포함하고 있는 것을 의미한다. 이는 컨테이너화물의 선하증권에 적용되는 부지약관으로 컨테이너화물은 송화인이 컨테이너에 적입했고 내용물의 숫자를 확인했다는 것을 의미한다. 이는 선사가 화물에 대한 검사나 컨테이너의 내용물을 확인하지 않았다는 것을 나타낸다. 따라서 컨테이너화물은 화주가 직접 적입했기 때문에 그 내용물에 대해 선사가 책임을 지지 않는다.

7.19 • 무고장 운송서류

은행은 무고장 운송서류만을 수리한다. 무고장 운송서류는 운송서류에 물품 또는 포장상태에 하자가 있는 상태를 명시적으로 나타내고 있지 않은 것을 의미한다. 달리 말하면 운송서류 상에 물품 또는 포장 상에 문제가 있다면 이는 고장부 운송서류가 되고 은행은 대금지급을 거절하게 된다. 예를 들면 신용장 상에 Clean on board ocean bill of lading이라는 표시가 있는 경우 clean이라는 용어는 무사고 선하증권을 나타낸다. 이는 송화인이 화물을 선박의 본선에 적재하면 선장은 화물의 외관상 진정성을 확인하는 것을 의미한다. 이 경우 문제가 없다면 선장은 clean mate's receipt를 발행하고 이는 선사에 보내어져 clean bill of lading을 발행하는 근거가 된다. 그러나 선장이 화물의 외관상 진정성을 확인하였는데 화물이 물에 젖어 있거나 상태에 문제가 있는 경우 동 상태를 비고(remarks)란에 기재하게 되어 foul mate's receipt가 발행되고 이를 근거로 foul bill of lading이 발행되게 된다. 이 경우 수출상은 선하증권이 신용장의 조건에 불일치한 것을 이유로 은행으로부터 대금을 지급받지 못한다. 이러한 경우 수출상은 파손화물보상장(Letter of indemnity: L/I)을 선사에 제출하고 파손된 부분에 대한 책임을 전적으로 지고 clean bill of lading을 발급받게 된다. 이후 수출상은 L/I를 통해 clean bill of lading을 발급받았다는 사실을 수입상과 보험자에게 알려야 한다.

Shipped(on board) bill of lading이란 본선적재 선하증권을 의미한다. 이는 화물을 본선에 적재하고 난 이후에 선하증권이 발행되었다는 것을 의미한다. 벌크화물의 경우 선적시 기간이 오래 걸리고 부두에 화물이 도착하였다고 해도 일부만 도착하는 경우가 발생할 수 있다. 이러한 경우 received bill of lading이 발행되고 이러한 수취선하증권은 불일치서류로 간주되어 은행은 대금지급을 거절하게 된다. 컨테이너화물의 경우 정기선에 적재되기 때문에 화물이 터미널에 입고된 이후 선하증권이 발행된다. 이 경우 정해진 시간에 선박이 출항해야 하기 때문에 화물이 터미널에 입고된 이후 발행된 선하증권도 본선적재 선하증권으로 본다.

Ocean bill of lading은 해양선하증권으로 내수로 운송용 선하증권과 구별된다. 해양선하증권은 바다를 항해하는 선박에 대해 발행되는 선하증권으로 내륙의 내수로 운송과는 구별되는 무역에 사용되는 선하증권을 의미한다.

7.20 • 보험서류

보험서류는 보험증권, 보험증명서 또는 포괄보험에서 확인서를 포함하고 보험회사, 보험인수인, 그들의 대리인 또는 수탁인이 발행하고 서명해야 한다. 보험서류는 발행된 전통이 은행에 제시되어야 한다. 보험서류로서 cover note는 은행이 수리하지 않는 서류이다. cover note는 보험중개인(underwriter)이 발행한 보험인수증이다. 보험중개인은 보험계약자로부터 보험료를 지급받고 cover note를 보험계약자에게 발행한다. 이 경우 보험중개인은 아직 보험회사에 보험료를 입금하지 않은 상태이고 보험회사는 보험증권을 발행하지 않은 상태이다. 따라서 cover note는 보험계약이 체결되기 전에 보험중개인에 의해 보험계약자가 보험료를 지불한 것에 대한 영수증만 발행된 상태로 보험계약이 체결되기 전의 상태이기 때문에 은행은 cover note를 수리하지 않는다.

보험증권의 발행일자는 선적일자보다 늦어서는 안된다. 달리 말하면 보험증권이 선적일자보다 늦게 발행되었다는 것은 선적일자와 보험증권 발행일자 간의 차이가 있는 기간 동안 화물은 보험의 보호를 받지 못한다는 것을 의미한다. 이를 방지하기 위해 보험증권(또는 보험증명서)의 일자는 선적일자보다 빠르거나 동일해야 한다. 또한 보험서류는 부보금액을 표시해야 하고 보험서류의 통화는 신용장의 통화와 동일한 통화로 나타나야 한다. 이는 상업송장에서 나타난 이유와 동일한 이유로 변동환율제도 하에서는 환율이 매일 변동하기 때문에 다른 통화로 표시된 경우 매일 금액이 달라질 수 있기 때문이다. 부보금액은 수출상과 수입상이 합의한 바가 있다면 이에 따르고 그렇지 않다면 CIF 가격 또는 CIP 가격의 110%가 부보되어야 한다. CIF 또는 CIP 가격을 결정할 수 없을 때 부보금액은 대금결제금액, 매입금액 또는 송장금액 중 큰 금액을 기초로 산출해야 한다.

부보의 범위는 보험자가 담보하는 범위를 나타낸다. 수출상과 수입상이 부보범위를 합의하지 않고 신용장으로 결제하는 경우 UCP600에 따라 최소담보의 기준으로 CIF 가격의 110%에 대해 ICC(C) 또는 FPA 조건으로 담보해야 한다. 그러나 CIP규칙의 경우 수출상과 수입상은 CIP 금액의 110%에 대해 ICC(A) 또는 이와 유사한 담보의 조건으로 부보하도록 하고 있다. 이는 무역계약에서 CIP 규칙을 사용하는 당사자들이 대부분 컨테이너화물에 이를 적용하고 있고 컨테이너화물은 대부분 완제품이거나 가치가 높은 화물로서 수입상들이 ICC(A)나 이와 유사한 A/R로 부보하기를 원하기 때문에 이를 반영하여 INCOTERMS 2020에서 변경된 것이다.

7.21 • 수량의 과부족에 대한 허용조항

수량과부족은 벌크화물에만 적용된다. 달리 말하면 컨테이너화물이나 단위화된 화물에는 수량과부족이 적용되지 않는다. 신용장의 금액, 수량 또는 단가 앞에 about 또는 approximately라는 용어가 추가된 경우 이는 금액, 수량 또는 단가에 대해 10%의 과부족이 허용된다는 것을 의미한다. 이에 대한 예는 앞서 설명해서 생략한다. 그러나 수출상과 수입상은 벌크화물을 거래할 때 수량의 과부족에 대한 허용기준을 마련하는 것이 좋다. 만일 수량과부족을 합의하지 않고 신용장으로 대금결제를 하는 경우 벌크화물의 거래에서 과부족 허용량은 5%의 과부족을 허용하고 있다.

7.22 • 분할선적

분할선적은 신용장에서 금지하지 않았다면 허용된다. 만일 한 선박이 여러 항구에서 선적을 하여 수입항에 입항하였다면 이는 분할선적으로 보지 않는다. 만일 여러 장의 선하증권이 발행되었다면 가장 늦은 선적일을 선적일로 본다. 두 가지 이상의 운송수단을 이용하여 운송을 할 경우 운송수단들이 동일한 날자에 동일한 목적지로 운송을 시작하였을지라도 분할선적으로 본다.

CHAPTER

8

환어음과 무역결제

Chapter

8 | 환어음과 무역결제

8.1 • 환어음

8.1.1 환어음의 개념

환어음은 무역거래에서 수출상이 수입상에게 대금을 환어음의 기명인, 지시인 또는 소지인에게 지급하라는 요식의 유가증권이다. 환어음은 대금의 지급을 용이하게 하는 법적인 서류로 무역거래에서 대금결제를 위해 사용되고 있다.

8.1.2 환어음의 당사자

환어음의 당사자는 다음과 같다. 발행인(drawer)은 어음을 발행하고 대금지급을 요청하는 자이다. 일반적으로 수출상이다. 지급인(payee)은 환어음의 금액을 지급할 것으로 요청받은 자이다. 일반적으로 수입상이 된다. 인수인(accepter)은 환어음을 자신의 위험과 비용으로 인수하는 자로 추심의뢰은행이 된다.

8.1.3 환어음의 구성요소

환어음의 구성요소는 다음과 같다. 환어음의 금액(amount)은 환어음의 문면상의 금액으로 수취인이 지급받을 금액을 의미한다. 환어음의 날짜(date)는 환어음의 지급일을 의미한다. 환어음의 지급장소(place)는 환어음의 지급이 이행되는 장소이다. 서명(signature)은 환어음의 발행인의 서명을 의미하고 어음의 조건을 수락하는 것을 나타낸다.

8.1.4 환어음의 종류

환어음의 종류는 다음과 같다. 일람불어음(sight bill)은 환어음을 지급인에게 제시함과 동시에 즉시 대금지급이 이루어지는 환어음이다. 기한부어음(usance bill)은 일정한 기일이 지난 확정일에 환어음의 지급이 이루어지는 환어음이다.

요약하면 환어음은 무역거래에서 수출상과 수입상 모두에게 유연성과 안전성을 제공하여 무역거래의 대금결제를 용이하게 하는 형식적이고 법적으로 구속력 있는 문서이다.

8.2 • 추심

8.2.1 서론

추심은 채권자가 환어음을 통해 자신의 채권을 회수하는 것을 의미한다. 무역에서 대금결제를 위해 추심이 어떻게 활용되는지를 추심의 과정, 종류 및 당사자를 통해 설명하고자 한다.

8.2.2 추심의 과정

추심이란 채권자가 자신의 채권을 채무자로부터 환어음을 이용해 회수하는 것을 의미한다. 무역에서 추심은 추심의뢰인으로 수출상, 수출상으로부터 추심을 의뢰받는 수출상 측의 은행으로 추심의뢰은행, 추심의뢰은행은행으로부터 추심을 의뢰받은 수입상 측의 은행으로 추심은행 및 지급인으로 수입상이 거래의 참여자들이다. 추심거래의 흐름은 다음과 같다.

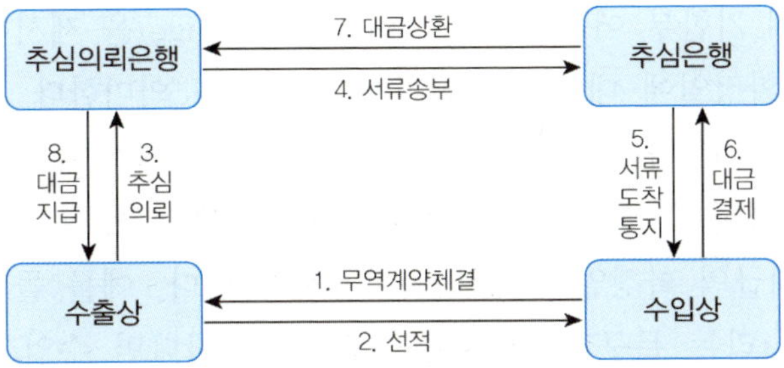

[그림 8-1 추심의 과정]

[그림 8-1]은 추심의 과정을 설명하고 있다. 먼저 수출상과 수입상은 무역계약을 체결한다. 계약조건 중 대금결제조건을 추심으로 합의한 경우 수출상은 물품을 선적하고 추심지시서에서 요구하는 모든 서류를 갖추어 자신의 거래은행인 추심의뢰은행에 추심을 의뢰하게 된다. 추심의뢰은행은 추심은행으로부터 도착한 추심지시서에 따라 수출상이 제시한 서류가 추심지시서에서 나타내고 있는 서류를 모두 포함하고 있는지를 확인한다. 문제가 없을 경우 추심의뢰은행은 동 서류와 환어음을 추심은행으로 송부한다. 서류를 송부받은 추심은행은 서류를 확인하고 수입상에게 서류도착통지를 한다. 수입상은 대금을 지급하고 서류를 인수한다. 동 대금은 추심의뢰은행으로 상환된다. 추심의뢰은행은 상환받은 대금을 수출상에게 지급한다.

8.2.3 추심의 종류

추심은 지급인도조건(Document against payment: D/P)과 인수인도조건(Document against acceptance: D/A)으로 분류된다. D/P는 수출상이 수입상에게 추심지시서에서 요구하는 모든 서류와 함께 일람불 어음(At sight bill of exchange)을 제시하여 즉시 대금결제를 받고자 하는 것이다. 이를 지급인도조건이라고 하는 이유는 추심은행이 수입상에게 대금지급을 요청했을 때 수입상은 일람불 어음에 대해 즉시 대금을 지급하고 서류를 인수하기 때문이다. 이와는 달리 D/A는 수출상이 수입상에게 추심지시서에서 요구하는 모든 서류와 함께 기한부 어음(Usance bill of exchange)을 제시하고 기한부 어음의 확정일에 대금을 지급받겠다는 것을 의미한다. 이를 인수인도조건이라고 하는 이유는 추심은행이 수입상에게 대금지급을 요청할 때 수입상은 기한부 어음에 인수(서명)만 하고 서류를 확보하게 되고 대금지급의 확정일에 대금을 지급하게 된다. 예를 들면 30 days after sight라는 문구가 기한부 어음에 나타난다면 수입상은 인수에 대한 서명을 하고 인수일 다음 날부터 계산해서 30일째 되는 날까지 추심은행에 화환어음에 대한 대금을 지급해야 한다. 따라서 D/P는 수입상의 즉시지급조건이고 D/A는 수입상의 기한부 지급조건의 추심방식이다.

8.2.4 추심의 당사자

추심의 당사자는 수출상, 추심의뢰은행, 추심은행 및 수입상으로 분류할 수 있다. 추심은 수출상과 수입상의 무역계약을 기초로 한 당사자 간의 신용에 의존하여 화환어음을 통해 대금결제가 이루어지는 것이다. 이에 따라 추심의뢰은행과 추심은행은 신용장과는 달리 대금지급에 대한 확약이 존재하지 않고 단순히 서류를 확인하고 대금을 상환하는 역할만을 하게 된다. 따라서 수출상과 수입상 간의 신뢰관계가 형성되지 않은 상태에서 추심결제방식을 이용한다면 대금결제의 위험은 상존하게 된다. 추심방식은 남미의 국가들이 관습적으로 많이 사용하고 있는 무역결제방식이다.

추심결제에서 추심의뢰은행은 추심은행으로부터 추심지시서를 받게 된다. 추심지시서에는 추심결제시 확인해야 하는 서류의 목록이 포함되어 있고 수출상의 추심요청에 대해 추심의뢰은행은 추심지시서 상에 나타난 서류의 제출여부를 확인해야 한다. 그러나 신용장방식과는 달리 추심방식에서 추심의뢰은행은 서류심사에 대한 의무가 없어 서류의 일치성을 확인할 필요가 없다. 따라서 추심의뢰은행은 추심지시서에 나타난 서류만을 확인하면 된다. 추심은행 역시 동일하게 추심지시서에 나타난 서류만을 확인하고 수입상에게 화환어음에 대한 결제를 또는 서류의 인수를 요청하게 된다.

실무적으로 추심방식은 수출상이 추심의뢰은행에서 화환어음을 발행하고 추심의뢰은행은 화환어음에 대해 어음할인방식을 통해 수출상에게 대금을 선지급하게 된다. 그리고 추심의뢰은행은 화환어음의 인수인이 되어 채권자의 지위를 획득하게 된다. 어음할인방식은 추심의뢰은행이 은행 간 우편일수와 기한부 환어음의 경우 기한부의 기간 동안의 이자를 공제하고 수출상에게 대금을 선지급하는 것을 의미한다.

Bill of Exchange

No. 04227 Date: September 08, 2025 Busan, KOREA
FOR USD5,100

At SIGHT OF THIS FIRST BILL OF EXCHANGE (SECOND OF THE SAME TENOR AND DATE BEING UN-PAID) PAY TO SHINHAN BANK OR ORDER THE SUM OF US DOLLAR FIVE THOUSAND AND ONE HUNDRED ONLY.

VALUE RECEIVED AND CHARGED THE SAME TO THE ACCOUNT OF ANSO NYLON Co., LTD.
DRAWN UNDER Mellon Bank, New York, U.S.A
L/C NO. A9912241 DATE : June 07, 2025
TO: Mellon Bank, New York, U.S.A

Daeyang Fisheries Commercial Co., LTD.
CEO S.H.Jo
S.H.Jo

[그림 8-2 환어음의 사례]

[그림 8-2]는 환어음의 사례를 보여주고 있다. 먼저 환어음의 표시로 Bill of Exchange라는 문구가 제시되었다. 다음으로 환어음의 번호, 발행일자 및 발행지를 표시하고 있다. 다음은 일람불 어음이라는 것을 나타내고 있고 지급금액과 인수인을 표시하고 있다. 다음은 환어음의 수취인으로서 지급인을 표시하고 있다. 다음은 신용장 발행은행과 신용장 번호 및 발행일자를 표시하고 있다. 마지막으로 발행인의 표시와 서명을 표시하고 있다. 실무적으로 환어음은 수출상이 매입은행에 매입서류를 제시하고 환어음 발행양식에 기재를 하면 매입은행이 발행인을 대신해서 환어음을 발행하게 된다. 따라서 수출상은 매입은행에서 환어음 발행양식을 정확히 기재해야 한다.

8.3 • 송금

8.1.1 서론

국제 결제에서의 송금방식은 일반적으로 한 나라에서 다른 나라로 자금을 이동하는 과정을 의미하고 이는 개인이나 기업이 국경을 넘어 자금을 이전하는 과정을 포함한다. 국제대금결제에서 사용되는 여러 송금 방법을 설명하면 다음과 같다.

8.1.2 송금의 방법

첫째는 전자자금이체(인터넷 또는 모바일 송금)이다. 전자자금이체는 가장 일반적이고 전통적인 국제 송금방법 중 하나이다. 이는 일국의 은행계좌에서 다른 국가의 은행계좌로 자금을 전자적으로 이체하는 과정을 의미한다. 개인과 기업 모두 청구서의 지급, 급여의 지급, 해외투자 등 다양한 목적으로 전자자금이체를 사용할 수 있다. 전자자금이체는 보통 빠르고 안전하지만 다른 방법에 비해 높은 수수료가 부과될 수 있다.

둘째는 온라인 결제플랫폼을 활용하는 것이다. 디지털화의 발전으로 인해 온라인 결제플랫폼이 국가 간의 송금에 많이 활용되고 있다. PayPal, TransferWise (Wise), Skrill 등의 플랫폼은 사용자들이 국경을 넘어 돈을 보내고 받을 수 있는 서비스를 제공한다. 이러한 플랫폼은 전통적인 은행보다 경쟁력 있는 환율과 낮은 수수료로 송금서비스를 제공한다.

셋째는 어음이나 수표를 이용한 송금이다. 전자 이체나 온라인 플랫폼보다는 사용의 빈도가 낮지만 어음이나 수표 역시 국가 간의 송금에 사용될 수 있다. 어음은 은행이 발행하는 지급명령서로서 수입상의 계좌가 아닌 은행 자체의 명의로 발행된다. 수취인(수입상)은 이러한 어음을 자신의 은행계좌에 입금하여 자금을 받을 수 있다.

넷째는 인터넷을 기초로 한 송금서비스이다. Western Union, MoneyGram 등의 송금서비스는 국가 간 송금을 용이하게 해주는 서비스이다. 이러한 서비스는 세계적으로 지점을 운영하고 있어 보내는 사람들이 현금을 입금하고 받는 사람들이 현금을 수령할 수 있다. 일부 서비스는 은행으로의 입금이나 모바일 지갑으로의 이체에 대한 옵션도 제공한다.

다섯째는 블록체인기술 기반의 가상자산을 통한 국가 간 송금이다. 비트코인, 이더리움 등의 가상자산이 등장하면서 일부 개인과 기업은 국가 간 송금에 가상자산을 사용한다. 가상자산 송금은 비교적 빠르고 전통적인 은행을 통한 송금방식에 비해 낮은 수수료의 이점이 있다. 그러나 가상자산은 변동성이 크고 각국의 규제에 따라 국제대금결제에서 활용의 가능성이 낮을 수도 있다.

여섯째는 외환송금을 전문으로 하는 회사를 통해 송금하는 것이다. 외환회사는 통화 환전과 국제 송금을 전문으로 하는 회사이다.

이러한 회사는 종종 은행보다 경쟁력 있는 환율과 낮은 수수료를 제공하여 대규모 자금이나 다수의 국제 거래를 처리하는 데 이점이 있다.

요약하면 각종의 국가 간 송금방법에는 속도, 비용, 편의성, 안전성 및 규제 준수와 같은 여러 가지 장단점이 있다. 무역업자는 거래의 규모, 긴급성, 대상 국가, 비용의 효율성 등을 고려하여 최적의 송금 방법을 선택해야 한다. 또한 환율, 송금 수수료 및 관련 규제나 제한 사항을 고려해야 한다.

8.4 • 국제팩토링

8.4.1 서론

국제팩토링이란 매출채권양도방식으로 수출상이 팩토링사에 매출채권을 양도하고 회계서비스 등 다양한 금융서비스를 받는 것을 의미한다. 이에 대한 내용은 다음과 같다.

8.4.2 국제팩토링의 과정

국제팩토링은 수출상이 자사의 매출채권(송장)을 할인된 가격에 제삼자(팩토링사)에게 판매하여 즉시 현금을 획득하는 금융 계약이다. 이 프로세스는 기업이 현금 흐름을 개선하고 미수금에 따른 신용 리스크를 줄이는 데 도움을 준다. 다음은 국제팩토링의 과정이다.

첫째, 수출상과 수입상은 팩토링사와 팩토링 계약을 체결한다. 팩토링의 프로세스는 수출상과 팩토링사가 팩토링 계약에 합의하는 것으로 시작된다. 이는 팩토링 계약의 조건과 조항을 명시하며 수수료, 회수 방법 및 양측의 책임 등이 포함된다.

둘째, 수출상은 매출채권(송장)을 팩토링사에 제출한다. 팩토링 계약이 체결되면 수출상은 신용 거래로 수입상에게 상품을 판매하고 매출채권(송장)을 발행한다. 그리고 수출상은 동 매출채권(송장)을 자금 지원을 위해 팩토링사에 제출한다.

셋째, 팩토링사는 매출채권(송장)을 확인한다. 팩토링사는 제출된 매출채권(송장)을 확인하여 계약에서 설정된 기준을 충족하고 유효한지 확인한다. 이 확인에는 수입상의 신용도 확인과 상품이 도착되었는지 여부를 확인하는 것을 포함한다.

넷째, 팩토링사는 수출상에게 선급금을 지급한다. 매출채권(송장)을 확인한 후 팩토링사는 수출상에게 선급금을 지급한다. 일반적으로 이는 매출채권(송장) 금액의 일부(예: 70%-90%)를 지급한다. 이 선급금은 수출상이 운영 비용이나 기타 사업의 목적으로 즉시 사용할 수 있다.

다섯째, 팩토링사는 수입상으로부터 매출채권을 수금하고 이를 수출상에게 통보한다. 팩토링사는 수입상으로부터 만기에 대금결제를 받게 된다. 팩토링사는 대금결제에 문제가 있는 경우 수출상에게 통보를 한다.

여섯째, 팩토링사는 잔존대금을 최종적으로 수출상에게 지급한다. 수입상이 매출채권(송장)에 대해 대금결제를 이행하면 팩토링사는 자신의 수수료와 수출상에게 제공한 선급금을 공제하고 나머지 잔액을 수출상에게 지급한다. 수입상으로부터 미수금이 남아있는 경우(회수가능 팩토링의 경우) 수출상은 팩토링기업으로부터 다시 남은 미수금에 대한 매입을 해야 한다.

일곱째, 팩토링사는 팩토링과 관련된 보고 및 모니터링을 진행한다. 팩토링사는 수출상에게 자금이 지원된 매출채권(송장), 수금 및 미수 잔액 등에 대한 보고를 제공한다. 이를 통해 판매자는 자신의 현금 흐름과 미수금 내용을 모니터링할 수 있다.

국제팩토링은 무역거래, 통화에 따른 환율, 법적 및 규제적 고려사항, 문화적 차이 등으로 인해 국내팩토링보다 거래과정이 더 복잡하다. 따라서 국제팩토링을 하는 기업은 무역 및 금융에 대한 전문 지식을 갖춘 특화된 팩토링기업이나 금융기관과 협력하는 경우가 많다.

8.4.3 국제팩토링의 장점

국제 결제에서 팩토링의 장점은 다음과 같다. 첫째, 수출상은 팩토링사로부터 선지급을 받는다. 팩토링은 수출상에게 즉시 대금을 지급하여 수출상에게는 선지급의 효과가 있다. 둘째, 수출상의 대금결제와 관련된 위험을 감소시킨다. 팩토링사는 수출상의 미지급 또는 연체 위험을 인수하기 때문에 수입상의 신용 위험을 감소시켜 준다. 셋째, 수출상은 대금결제와 관련한 업무상의 효율성을 개선한다. 팩토링사가 대금결제과정 및 관련 회계업무를 대행해 주기 때문에 수출상은 자신의 핵심 업무인 해외마케팅에 집중할 수 있고 시간과 자원을 절약할 수 있다. 넷째, 수출상의 현금흐름이 개선된다. 팩토링은 계절적이거나 변동적인 현금 흐름을 가진 수출상에게 팩토링사가 선지급을 하기 때문에 동 자금 통해 수출상은 현금흐름을 개선할 수 있다. 다섯째, 국제팩토링사는 국제적인 채권회수의 전문가이다. 일부 팩토링 회사는 국제 거래에 특화되어 있어 국경을 넘는 결제, 통화 환전, 규제와 관련한 요건의 처리에 대한 전문성을 제공할 수 있다. 따라서 팩토링은 현금 흐름을 효과적으로 관리하기 위해 수출상과 수입상이 사용하는 유연한 금융 도구로 특히 대금지급의 지연이나 환율의 변동에 따른 위험을 최소화하여 무역에서 중요한 역할을 한다.

8.5 • 국제포페이팅

8.5.1 서론

국제포페이팅은 포페이터가 미래 채권을 할인하는 방식을 통해 무역업자들의 대금결제에 도움을 주는 국제결제방식이다. 그 내용은 다음과 같다.

8.5.2 국제포페이팅의 과정

포페이팅은 무역에서 대금결제를 위해 사용되는 금융기법으로 특히 수출을 포함한 대규모 거래에 사용된다. 이는 수출업자가 미래 채권(수출어음이나 약속어음과 같은)을 할인된 가격에 포페이터에게 판매함으로써 즉시 현금을 받을 수 있는 자금 조달 방법이다. 포페이팅의 과정은 다음과 같다.

첫째는 무역계약의 체결이다. 수출상과 수입상은 일반적으로 국제적인 물품이나 서비스의 계약을 체결한다. 수입상은 수출상에게 후지급으로 대금지급을 약정하고 이는 일반적으로 환어음과 같은 국제대금지급방법을 통해 이루어진다.

둘째는 수출상과 수입상이 포페이팅 계약을 체결한다. 수출상은 포페이터(은행이나 전문금융기관)과 포페이팅계약을 요청하여 협상을 진행한다. 포페이터는 거래를 평가하고 수출상의 채권을 할인된 가격에 구매할 것을 합의한다.

셋째는 포페이터가 채권의 할인 및 현금의 지급을 이행한다. 포페이터는 거래액, 상환조건, 신용위험, 현재 이자율 등을 고려하여 채권을 할인한다. 수출상은 포페이터로부터 채권의 액면가에서 할인된 현금을 받게 된다.

넷째는 수출상이 포페이터에게 위험을 이전한다. 채권을 포페이팅함으로써 수출상은 수입상의 미지급이나 채무불이행과 같은 신용위험을 포페이터에게 이전한다. 이는 수출상에게 위험의 완화와 예측이 가능한 현금의 흐름을 제공한다.

다섯째는 포페이터가 수입상으로부터 결제대금을 수금 및 상환한다. 포페이터는 채권이 만기될 때 수입상으로부터 대금을 지급받아야 하는 책임이 있다. 수입상은 포페이팅 계약에서 합의된 조건에 따라 포페이터에게 직접 대금을 지급해야 한다.

국제 결제에서 포페이팅의 장점은 다음과 같다. 첫째, 포페이팅은 수출상에게 즉시 현금 유동성을 제공하여 새로운 프로젝트의 자금을 지원하거나 운영 자금을 충족시키거나 사업을 확장하는 데 도움을 준다. 이를 위해 수출상은 수입상의 대금결제를 기다릴 필요가 없다. 둘째, 포페이팅을 통해 수출상은 무역거래와 관련된 신용위험을 포페이터에게 이전함으로써 지급불능이나 대금지급의 지체를 최소화할 수 있다. 셋째, 전통적인 자금의 조달방법과는 달리 포페이팅은 수출상에게 부도처리된 채권에 대한 상환의무가 없이 자금의 조달이 가능하다. 따라서 수입상이 대금지급의무를 불이행할 경우 수출상은 상환의 책임을 지지 않는다. 대금지급에 대한 위험은 포페이터가 인수한다. 넷째, 포페이팅은 대규모 거래에 적합하며 거래에 따라 지급조건과 할인율을 조정하는 등 자금의 조달 방식을 유연하게 구성할 수 있다. 여섯째, 포페이팅을 활용하면 수출상은 수입상에게 유리한 신용조건을 제공하면서 사업 운영을 위한 현금유동성을 즉시 확보하여 경쟁력을 강화할 수 있다. 요약하면 포페이팅은 무역금융에서 중요한 도구로 수출상에게 채권을 즉시 현금으로 전환하고 위험을 관리하고 국경을 넘는 거래에서 현금의 흐름을 원활하게 관리하는 수단을 제공한다.

8.6 • 무역금융

8.6.1 서론

무역금융은 무역을 촉진하기 위해 정부에서 무역업자에게 제공하는 금융적인 혜택이다. 여기서는 보증신용장, 내국신용장 및 구매확인서를 설명하고자 한다.

8.6.2 보증신용장

8.6.2.1 서론

보증신용장은 서류가 포함되지 않는 무화환신용장으로 입찰보증이나 채권보증을 위한 금융수단으로 사용된다. 이는 신청인의 요청에 따라 은행이나 금융기관에 의해 발행되며 수혜자를 위해 제공된다. 보증신용장의 내용은 다음과 같다.

8.6.2.2 보증신용장의 내용

첫째, 보증신용장의 주요 목적은 수혜자에게 발행의뢰인이 금융책임을 이행하거나 계약조건에 따라 성과를 달성할 것임을 보장하는 것이다. 발행의뢰인이 책임을 이행하지 못할 경우에 대비하는 보조나 안전망 역할을 한다.

둘째, 보증신용장은 지급보증, 성과보증, 입찰보증, 선금지급보증 또는 보증책임 등 다양한 책임의 유형에 사용될 수 있다. 구체적인 조건은 보증신용장에 나타나게 된다.

셋째, 보증신용장은 발행의뢰인의 은행(발행은행)에 의해 발행되고 수혜자의 은행(통지은행)에 또는 직접 수혜자에게 전달된다. 이는 합의된 조건에 따라 달라진다.

넷째, 보증신용장은 일반적으로 "대기" 상태이며, 수혜자가 발행의뢰인이 책임을 이행하지 못했음을 입증하는 문서나 증거를 제출할 때만 활성화된다. 이 경우 수혜자는 보증신용장을 활성화하여 보증신용장에 명시된 조건에 따라 대금지급을 받을 수 있다(계약이행보증과 같은 어떤 행위를 보증하는 경우).

다섯째, 활성화 및 보증신용장의 조건에 대한 준수 후 발행은행은 수혜자에게 지급하거나 보증신용장의 조건에 따른 다른 조치를 취해야 한다. 이를 통해 수혜자는 약속된 대금의 지급 또는 성과에 따른 보상을 받을 수 있다.

여섯째, 보증신용장은 만료일이 있으며 기존 책임이 계속되는 경우 갱신이 필요할 수 있다. 갱신은 일반적으로 당사자 간 협상을 필요로 하며 추가 수수료 또는 조건 조정이 필요할 수 있다.

보증신용장에 대한 주요 사항은 다음과 같다. 보증신용장은 무역거래나 무역계약에서 신뢰와 위험의 완화를 제공하는 금융보증수단이다. 이는 지급이나 성과에 대한 불확실성이 있는 상황에서 주로 사용된다. 보증신용장은 실제 대금지급을 하는 무역거래와 별도로 관리되며 보증신용장에 명시된 특정한 조건이 충족될 때에만 사용된다. 보증신용장의 조건, 운용방법 및 절차는 보증신용장의 문면에 상세히 기재되어 있으며 관련 당사자들은 이를 신중하게 검토해야 한다. 요약하면 보증신용장은 필요시 지불 또는 성과를 보장함으로써 국제거래에서 신뢰를 확보하고 위험을 줄이는 데 중요한 역할을 한다.

8.6.3 내국신용장

8.6.3.1 서론

내국신용장(Local letter of credit)은 일국 내에서 발생하는 국내 또는 지역적인 거래에서 사용되는 금융수단이다. 서로 다른 국가의 당사자들이 관련된 신용장과는 달리 내국신용장은 동일한 나라 내의 당사자들만이 관련된다. 내국신용장에 대한 내용은 다음과 같다.

8.6.3.2 내국신용장의 목적

내국신용장의 목적은 동일한 국내 당사자 간의 거래를 용이하게 하고 안전한 지급방법을 제공하여 위험을 줄이는 것이다. 이는 해외에서 도착한 원신용장을 담보로 국내의 물품공급자에게 수출상이 발행하는 내국신용장이다. 국내 물품의 공급자는 선적 후 내국신용장의 매입을 통해 내국신용장의 금액을 내국신용장의 발행은행으로부터 받을 수 있고 수출상은 수출의 완료 후 내국신용장과 원신용장 간의 차액을 수취할 수 있다.

내국신용장에 관여하는 주요 당사자는 수출상(구매자), 국내 물품의 공급자(판매자), 그리고 내국신용장의 발행은행이다. 내국신용장의 발행은행은 내국신용장에 대한 조건부 지급확약을 하며 국내 물품의 공급자가 내국신용장의 조건에 엄밀일치하는 서류를 제공할 경우 국내 물품의 공급자에게 내국신용장의 금액을 지급한다.

내국신용장의 조건 및 조항은 수출상과 국내 물품의 공급자 간 합의되어 내국신용장의 계약서에 문서화 된다. 이러한 조건에는 신용장의 금액, 만료일, 대금지급을 위한 서류, 대금의 지급을 위한 신용장의 조건 등이 포함된다.

내국신용장은 수출상의 은행(즉 내국신용장의 발행은행)에 의해 수출상의 요구사항과 지침에 따라 발행된다. 국내 물품의 공급자는 발행은행에 송장, 운송서류, 기타 내국신용장에서 요구하는 서류를 제출하여 내국신용장 하에서 지급받을 수 있다. 이러한 서류는 수입상에게 제공하는 서류로서 수출상의 서류로 대체가 가능하다.

국내 물품공급자로부터 서류를 수령하면 발행은행은 이를 내국신용장의 조건과 대조하여 확인하게 된다. 서류가 지정된 요구사항을 충족하면 발행은행은 국내 물품공급자에게 대금을 지급하게 된다.

만일 제출된 서류에서 내국신용장의 조건에 불일치하거나 분쟁이 발생할 경우 발행은행은 국내 물품공급자에게 설명이나 추가적인 문서를 요청할 수 있다. 이러한 불일치를 해결하는 것은 내국신용장 하에서의 원활한 지급을 보장하기 위해 중요하다.

내국신용장에 대한 주요 사항은 다음과 같다. 내국신용장은 일국 내의 국내 거래에 사용되며 국제 당사자들을 포함하지 않는다. 이는 국내 거래에서 안전한 지불 방법을 제공하고 구매자(수출상)와 판매자(국내 물품의 제공자) 양측의 위험을 줄인다. 내국신용장의 조건은 원신용장의 내용에 일치해야 한다. 내국신용장의 조건을 준수하고 적합한 서류를 제출하는 것은 국내 물품의 공급자가 내국신용장 하에서 지급을 받기 위한 필수적인 사항이다. 내국신용장은 국내 거래를 원활하고 안전하게 수행함으로써 국내 경제의 신뢰와 거래 당사자 간의 신뢰를 증진시킨다.

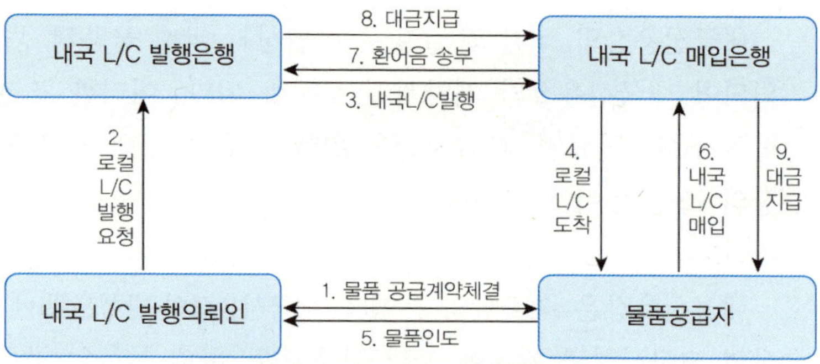

[그림 8-3 내국신용장의 거래과정]

[그림 8-3]은 내국신용장의 거래과정을 설명하고 있다. 먼저 수출

상과 물품의 공급자는 물품공급계약을 체결한다. 수출상은 내국신용장의 발행은행을 통해 물품의 공급자에게 내국신용장의 발행을 요청한다. 내국신용장의 발행은행은 내국신용장 통지은행을 통해 내국신용장을 통지한다. 물품공급자는 수출상에게 물품을 인도하고 내국신용장의 매입은행을 통해 내국신용장을 매입한다. 내국신용장의 매입은행은 환어음을 내국신용장 발행은행으로 송부하고 내국신용장 발행은행은 대금을 지급한다. 동 대금은 물품공급자에게 지급된다.

8.6.4 구매확인서

구매확인서는 국내의 물품을 해외에 수출했다는 것을 외국환은행의 장이 확인해 주는 것으로 수출실적으로 인정받아 무역금융과 관세환급에 사용할 수 있다. 국내 물품공급업자는 수출상에게 완제품의 제공이나 부분품, 부속품 등을 제공하여 수출상이 완제품을 제조한 경우 동 완제품의 제공이나 부분품 및 부속품이 수출물품에 포함된 것을 수출실적으로 인정함으로서 수출을 장려하기 위한 제도로서 내국신용장에 준하는 무역금융이나 관세환급이 가능하다.

구매확인서는 수출업자 또는 국내 물품의 공급자가 외국환은행의 장에게 발급을 요청하면 발급되어 국내 물품공급자의 수출실적인정용으로 사용하게 된다. 또한 이는 외화획득용 원재료의 사후관리 및 수출용 완제품의 구매에 사용할 수 있고 이는 내국신용장과 동일하다. 그러나 발급은행의 대금지급에 대한 확약이 없다는 것은 내국신용장과 구매확인서가 상이한 부분이다.

구매확인서 발급의 근거 서류는 수출신용장, 수출계약서 등의 수출과 관련한 계약서이다. 구매확인서에 나타난 물품의 공급자는 당해 품목의 제조 및 가공시설을 보유하고 있는 제조자이며 공급물품은 국내에서 제조과정을 이행한 물품이다. 구매확인서를 통한 혜택은 대외무역법상 융자대상의 수출실적으로 인정, 외화획득용원료의 사후관리시 공급이행으로 인정, 관세환급 및 부가가치세의 영세율의 적용이 있다.

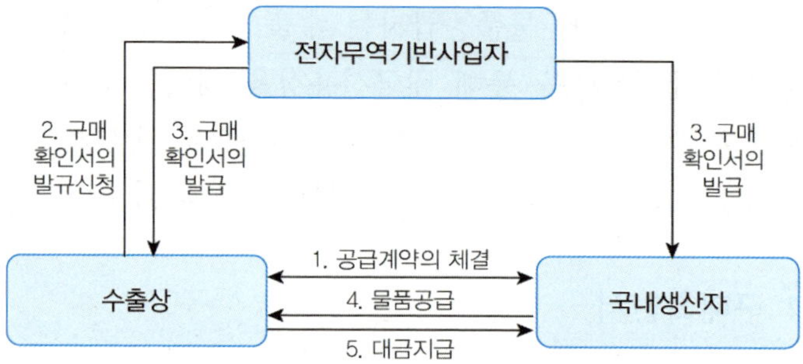

[그림 8-4 구매확인서에 의한 구매절차]

[그림 8-4]는 구매확인서에 의한 구매절차를 보여주고 있다. 수출상과 국내 생산자 간의 물품에 대한 공급계약을 체결한다. 수출상은 uTradeHub를 통해 구매확인서의 발급을 신청한다. uTradeHub는 수출상과 국내 생산자에게 구매확인서를 발급한다. 국내 생산자는 수출상에게 물품을 공급한다. 수출상은 국내 생산자에게 대금을 지급한다.

구매확인서의 발급은 1차로 발행된 구매확인서를 근거로 2차로 구매확인서를 발급할 수 있고 외화획득용원료 또는 물품의 제조, 가공 및 유통(완제품의 유통을 포함) 과정이 여러 단계인 경우에는 각 단계별로 순차적으로 발급할 수 있다.

CHAPTER

9

글로벌 운송물류

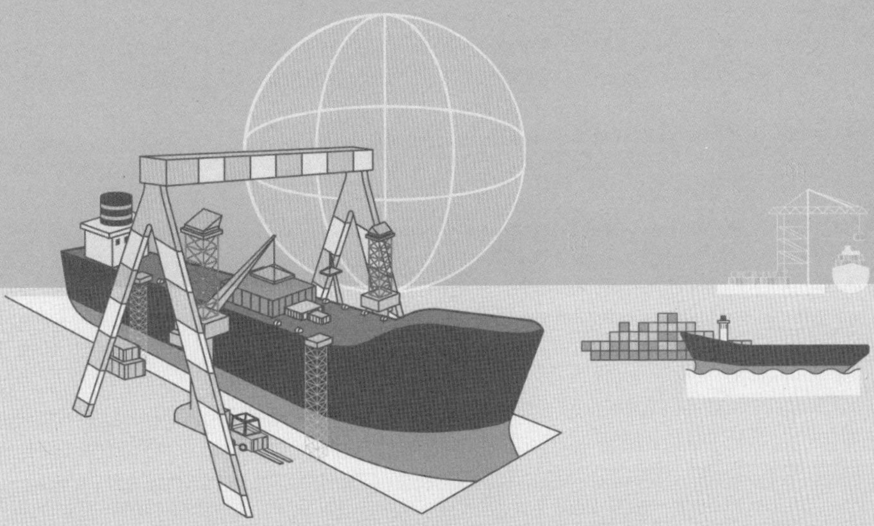

Chapter

9 | 글로벌 운송물류

9.1 • 서론

글로벌 운송물류는 무역계약의 조건 중 선적조건에 해당한다. 선적은 선박에 화물을 적재하는 것, 항공기에 적재하는 것, 기차에 적재하는 것, 트럭에 적재하는 것 등을 모두 포함한다. 본 장은 해상운송, 항공운송, 철도운송, 트럭운송 및 복합운송을 설명하고자 한다. 해상운송은 벌크화물의 운송을 중심으로 설명하고 복합운송은 컨테이너화물의 운송을 중심으로 설명하고자 한다.

9.2 • 글로벌 운송물류의 기초

9.2.1 물류의 개념

기업의 관점에서 물류는 원재료의 투입과정부터 완제품을 최종 소비자에게 인도하는 일련의 과정을 나타낸다. 운송이란 생산과 소비의 불일치를 극복하기 위해 생산지에서 소비지로 물품을 이동시키는 것을 의미한다. 이와는 달리 공급사슬이란 원재료의 투입, 생산 및 최종 소비자에 대한 인도까지 전반적인 흐름에서 이에 참여하는 이해관계자들의 효율적인 관계를 의미하고 글로벌 공급사슬이란 가치사슬의 세계화에 따른 분업화된 조달, 생산, 유통에 대한 세계적인 협력을 의미한다. 공급사슬관리란 원재료의 투입, 생산 및 완제품의 인도에 관련된 다수의 이해관계자들이 전체 프로세스를 협력적으로 계획, 실행, 평가 및 환류하는 효율적인 과정을 의미한다.

9.2.2 경영과 물류

기업의 경영활동에서 물류는 중요한 역할을 한다. 기업의 가치사슬 상에서 물류활동은 본원적 활동으로 투입물류, 생산물류, 유출물류, 서비스물류 및 회수물류로 나타나고 지원활동으로 조달물류가 포함된다. 또한 운송은 장소에 의해 기업활동에 가치를 부가하는 물류활동이고 보관은 시간에 의해 기업의 활동에 가치를 부가하는 물류활동으로 이들은 물류의 2가지 부가가치활동이다. 이러한 물류활동은 글로벌 물류에도 그대로 적용되어 기업의 부가가치활동으로 중요성이 있다.

기업의 물류활동은 기업물류(business logistics)와 제3자 물류(third party logistics)로 분류할 수 있다. 기업물류는 제조기업의 물류활동으로 기능활동의 관점으로 설명할 수 있고 제3자 물류는 물류전문기업으로 선사, 항공사, 국제물류주선인, 하역회사, 내륙운송회사, 보세창고, 컨테이너터미널, 관세사 등 국제물류프로세스에서 다양한 이해관계자들의 물류활동을 포함하고 이는 기업활동의 관점으로 접근할 수 있다.

9.2.3 물류와 유통

기업의 물류활동은 조달물류, 생산물류, 판매물류 및 회수물류로 분류할 수 있다. 이러한 물류활동 중 판매물류는 제조기업이 생산한 완제품을 고객인 도매상이나 소매상에게 인도하는 과정을 나타낸다. 달리 말하면 유통은 물류와 중첩된 부분이 많은 기업활동으로 판매물류를 포함한다. 이를 기초로 글로벌 물류는 현재 가치사슬이 지구적으로 분산되어 글로벌 공급사슬관리가 이행되는 관점에서 기업이 가장 저렴하고 양질의 원재료를 조달하여 생산요소의 가격이 가장 저렴한 국가에서 생산하여 세계 시장을 대상으로 판매하는 일련의 프로세스에서 발생하는 원재료와 완제품의 운송, 보관, 하역, 포장, 유통가공 및 물류정보의 효율적이고 효과적인 처리를 위한 과정을 나타낸다. 또한 글로벌 유통은 완제품을 세계시장을 대상으로 마케팅하는 것을 의미하고 이는 무역업자가 완제품을 세계 시장에 유통시키는 것이 포함된다. 물론 원재료나 반제품을 무역업자가 고객에게 유통시키는 것 또한 글로벌 유통의 한 분야로 볼 수 있다. 이러한 관점에서 글로벌 유통은 글로벌 물류와 연결된 활동으로 볼 수 있다.

9.2.4 글로벌 물류의 중요성

글로벌 물류는 글로벌 경제에서 중요한 역할을 한다. 국경을 통과하는 상품, 서비스 및 정보의 이동을 원활하게 하는 것이 주요한 목표이다. 따라서 글로벌 물류는 다음과 같은 중요성이 있다.

첫째는 무역을 촉진한다. 글로벌 물류는 무역을 확대하는 데에서 중요한 역할을 한다. 이는 국가 간 상품의 이동과 관련된 프로세스의 계획, 조정 및 실행을 포함한다. 효율적인 물류프로세스를 구축하지 않은 기업은 글로벌 시장에 접근하기 어려워지며 성장의 기회가 제한될 수 있다.

둘째는 글로벌 공급사슬의 효율성이다. 글로벌 물류는 글로벌 공급사슬관리의 중요한 부분이다. 이는 운송, 보관, 하역, 포장, 유통가공 및 물류정보와 관련된 다양한 활동을 전 세계적으로 관리하는 것을 의미한다. 효율적인 글로벌 물류는 물품이 목적지까지 시간과 비용의 효율성을 달성하면서 도착하도록 보장하여 글로벌 공급사슬에서 효율성의 달성에 기여하게 된다.

셋째는 시장의 확대이다. 기업은 글로벌 물류를 통해 전 세계의 시장에 접근할 수 있다. 무역을 기초로 글로벌 물류는 물품의 효율적인 흐름을 관리하고 이를 통해 기업은 다른 국가의 시장에서 고객에 접근할 수 있고 새로운 시장에 진입하여 수익의 다각화를 달성할 수 있다.

넷째는 비용의 최적화이다. 효과적인 글로벌 물류는 기업의 비용 절감을 가능하게 한다. 운송경로의 최적화, 출하의 통합 및 전체 프로세스의 최적화를 통해 기업은 운송비용, 재고보유 비용 및 전반적인 물류비용을 줄일 수 있다.

다섯째는 위험의 관리이다. 글로벌 물류는 글로벌 공급사슬과 관련된 다양한 위험을 관리하는 것을 포함한다. 지리적 불확실성, 자연재해, 각국 규제의 변화 및 운송의 중단과 같은 위험을 효과적으로 관리하는 글로벌 물류전략은 기업이 이러한 위험을 완화하고 운영의 지속성을 보장할 수 있게 한다.

여섯째, 고객 만족도의 증가이다. 상품의 적기 배송(Just In Time: JIT)은 고객의 만족도를 유지 및 증가시키는 데 중요하다. 특히 해외직구시대에 고객은 빠르고 신뢰할 수 있는 배송을 기대한다. 글로벌 물류는 고객의 배송시간과 주문의 정확도에 대한 기대에 부응하여 전체 고객의 만족도를 증대시키기 위해 중요한 역할을 한다.

일곱째, 경쟁우위의 달성이다. 글로벌 물류에서 뛰어난 성과를 거두는 기업은 글로벌 시장에서 경쟁우위를 확보할 수 있다. 효율적인 글로벌 물류는 더 빠른 주문 처리, 더 나은 재고관리 및 향상된 고객 서비스를 통해 기업을 경쟁사와 차별화시키고 더 많은 고객을 유인할 수 있다.

요약하면 글로벌 물류는 글로벌 무역을 가능하게 하고, 공급사슬의 효율성을 지원하고, 시장의 확대를 지원하고, 비용을 최적화하고, 위험을 관리하고, 고객만족도를 향상시키고, 글로벌 경제에서 경쟁우위를 확보하는 데 중요한 역할을 한다. 이러한 글로벌 물류활동은 운송, 보관, 하역, 포장, 유통가공 및 물류정보로 분류할 수 있고 이들 중 글로벌 운송은 기업의 글로벌 활동의 부가가치를 높이는 글로벌 물류활동 중의 하나이다.

9.3 • 벌크화물의 해상운송

9.3.1 서론

해상운송은 선박을 이용해서 해상을 통해 화물을 이동시키는 일련의 과정을 의미한다. 이는 벌크화물의 운송(일반적으로 부정기선운송)과 컨테이너화물의 운송(일반적으로 정기선운송)으로 분류할 수 있다. 해상운송의 장점은 대량수송, 저렴한 운송비, 장거리 운송, 국제성 등을 들 수 있다. 벌크화물은 컨테이너화물을 제외한 잡화, 액화천연가스(LNG), 액화석유가스(LPG) 등의 액체화물, 석유류, 자동차, 철광석, 곡물 등의 컨테이너에 적재할 수 없는 화물을 의미한다. 이와는 달리 컨테이너화물은 컨테이너에 적재가 가능한 화물을 의미하고 이들은 대부분 완제품으로 고가의 화물에 해당한다. 먼저 벌크화물의 운송에 대해 설명하면 다음과 같다.

9.3.2 벌크화물의 종류

글로벌 해상운송에서 대량 화물의 분류는 그들의 물리적 특성과 처리에 따른 요구사항에 따라 분류된다. 이러한 분류는 적절한 운송방법, 저장시설 및 처리절차를 결정하는 데 중요하다. 다음은 주요 대량 화물의 종류이다.

첫째는 고체로 된 벌크화물은 다음과 같다. 주요 벌크화물로 석탄, 철광석, 곡물(밀, 옥수수, 쌀 등), 광물 등과 같이 대량으로 운송되는 동종의 화물이다. 일반적으로 포장 없이 선박의 화물칸에 직접 적재하게 된다. 또한 소량의 벌크화물로 비료, 시멘트, 설탕, 강철 등과 같은 작은 양의 화물로서 적재 및 하역 중에 포장이나 처리를 위한 장비가 필요하다.

둘째는 액체로 된 벌크화물은 다음과 같다. 석유류 제품으로 원유, 가솔린, 디젤연료, 제트연료 및 다양한 종류의 오일 및 화학물질을 포함한다. 이들은 액체를 처리할 수 있는 전용 탱커로 운송된다. 화학물질은 산, 용매, 액화 가스 및 기타 위험물질과 같은 다양한 화학물질을 의미한다. 이들은 엄격한 처리절차와 국제해상위험물규정(IMDG)을 준수해야 한다. 식용의 오일류로 대두오일, 파마오일, 해바라기오일 등과 같은 채소를 원료로 하는 오일류는 식품 및 산업용으로 대량운송이 된다.

셋째는 가스상태의 액화 벌크화물로 다음과 같다. LNG 및 LPG류는 천연가스와 석유가스가 액화된 것으로 전용 탱커로 운송된다. 이들은 가연성으로 엄격한 관리를 위한 절차가 필요하다.

넷째는 프로젝트 화물로 다음과 같다. 이들은 특수처리와 특수운송을 필요로 하는 초대형 또는 무거운 화물을 의미하고 발전소, 공장 및 인프라 개발과 같은 산업 프로젝트용 기계, 장비 및 부품을 포함한다.

다섯째는 냉동 또는 냉장된 벌크화물로 다음과 같다. 이들은 과일, 채소, 고기, 생선, 유제품 등과 같은 상품으로 냉동 또는 냉장화물로 온도조절이 가능한 운송수단이 요구된다.

각 벌크화물의 범주는 저장조건, 적재방법, 화물의 고정 및 안전, 환경보호 및 세관통관과 관련된 국제 규정을 준수하기 위한 구체적인 고려 사항을 준수해야 한다. 벌크화물이 국경을 넘어 효율적으로 운송되기 위해서는 글로벌 운송을 위한 계획과 조정이 요구된다.

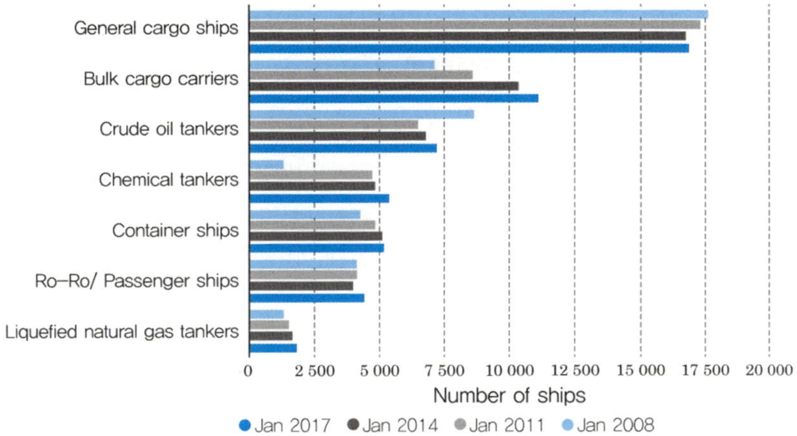

[그림 9-1 세계 선박의 수]

(자료 : https://m.blog.naver.com/vi2008/221399846566. 2024. 5. 21)

[그림 9-1]은 2017년 기준 세계 선박의 수를 보여준다. 세계의 상선은 2017년 1월을 기준으로 총 52,183척의 선박이 있다. 또한 세계 총 선박의 수는 2023년 1월 기준으로 총 100,5493척이고 227만 DWT에 달한다.

9.3.3 벌크화물로서 원유의 운송과정

원유의 운송과정은 원유의 추출로부터 유조선을 통해 운송되어 정제과정을 거치거나 항구를 통해 원유를 수입하고자 하는 수입상에게 운송하는 절차로 몇 가지 핵심적인 단계를 거치게 된다. 그 내용은 다음과 같다.

첫째, 유류 터미널이나 해상의 시추선에서 유조선에 적재를 해야 한다. 공정은 생산지 근처에 위치한 유류 터미널이나 해상의 시추선에서 시작된다. 원유는 파이프라인을 통해 원유 탱커나 선박에 선적된다. 선적절차는 안전을 보장하고 유출을 방지하기 위해 세심한 주의를 통해 선적된다.

둘째, 원유의 운송에 사용되는 다양한 탱커의 유형이 있다. 원유를 운송하는 탱커는 대량의 원유를 운송하기 위해 특별히 설계된 선박이다. 다양한 등급의 원유를 보관할 수 있는 분리된 구획을 보유하고 있다. 대형 원유운반선(very large crude carriers: VLCC) 및 초대형 원유운반선(ultra large crude carriers: ULCC)은 수백만 배럴의 원유를 운반할 수 있는 최대 크기의 탱커이다.

셋째, 원유의 해상운송에서 안전은 최우선 사항이다. 유조선은 이중 선체, 이산화탄소 감시시스템 및 원유나 가스의 누출이나 유출을 탐지하는 자동 감시시스템과 같은 안전기능이 장착되어 있다. 선원들은 비상상황에 대한 대응을 위해 엄격한 훈련을 받는다.

넷째, 원유의 선적 후 유조선은 수입항이나 원유정제소로 항해를 시작한다. 항해는 숙련된 선원들의 관리하에 진행되며 최첨단의 항해시스템을 활용하여 항로를 안전하고 효율적으로 이동한다.

다섯째, 수입항이나 해상의 터미널에 도착하면 유조선은 하역하게 된다. 하역은 파이프라인이나 호스를 통해 탱커를 터미널 시설에 연결하는 것을 포함한다. 원유는 유조선에서 추출되어 육상의 탱크에 저장되거나 바로 정유공장으로 이송된다.

여섯째, 원유는 정유공장으로 이송되어 휘발유, 디젤유, 항공유 등 다양한 석유류 제품으로 가공되거나 국제 원유시장으로의 운송을 위해 항구의 터미널에 있는 원유탱크에 저장된다.

일곱째, 원유의 해상운송은 해양 생태계를 보호하고 유출의 위험을 최소화하기 위한 엄격한 환경규제를 준수해야 한다. 유조선은 선박으로부터의 해양오염을 방지하기 위한 국제기준인 선박으로부터의 오염 방지를 위한 국제 협약(The International Convention for the Prevention of Pollution from Ships: MARPOL)을 준수해야 한다.

여덟째, 유조선은 안전 및 운영의 기준을 충족시키기 위해 정기적인 유지, 보수 및 점검을 받아야 한다. 이는 선체의 무결성검사, 장비의 작동여부, 규정의 준수여부 등이 검토사항이다.

요약하면 원유의 해상운송은 고도의 기술, 숙련된 인력 및 엄격한 안전 조치를 기초로 해상을 통해 효과적이고 안전하게 이동하기 위한 복잡하고 엄격한 절차를 따르는 운송과정이다.

9.3.4 용선계약

벌크화물은 대부분 화주와 선주 간의 용선계약으로 운송이 이행된다. 화주는 선주와 용선계약을 체결하기 위해 용선계약서를 작성해야 한다. 여기서 선주와 화주는 하역비의 부담조건을 합의해야 하고 선적비, 적재비, 적부비 및 정리비와 같은 비용에 대한 합의도 필요하다. 용선운송계약은 화주의 문의에 대해 선주가 청약을 하고 화주의 승낙으로 계약이 체결되고 용선계약서가 작성되어 양 당사자들이 서명하면 계약이 완료된다. 용선계약서는 United General Charter (GENCON) 양식이나 Voyage Charter Party(WARSHIPVOY) 양식이 주로 사용된다.

벌크선은 대부분 동종의 화물을 운송하고 단위당 화물의 가격이 컨테이너화물보다 낮다. 벌크화물은 일반적으로 용선계약을 통해 운송계약을 체결하게 되고 이에 따라 용선계약서는 운송계약의 증거서류가 된다. 벌크선은 컨테이너선에 비해 구조가 단순하고 선장은 운항항로를 자유롭게 선택할 수 있다. 또한 벌크선 시장은 완전경쟁(4

가지 조건으로 다수의 수요자와 공급자, 시장의 진입과 탈퇴의 자유, 정보의 완전공개 및 동질적인 서비스)에 가깝고 운임은 시장의 수요와 공급에 의해 결정된다.

용선계약은 전부용선계약과 일부용선계약으로 분류되고 전부용선계약은 정기용선계약, 항해용선계약 및 선체용선계약으로 구분할 수 있다.

정기용선계약(time charter)은 선박소유자가 용선자에게 선원이 승무하고 항해장비를 갖춘 선박을 일정기간 동안 항해에 사용하게 할 것을 약정하고 용선자가 이에 대하여 기간으로 정한 용선료를 지급하기로 약정함으로써 그 효력이 생긴다(상법 제842조). 이는 선주(임대인)와 용선자(임차인) 간의 선박의 임대와 관련된 특정한 기간을 명시하는 용선계약이다. 용선자의 관점에서 정기용선계약에 대한 내용은 다음과 같다. 정기용선계약은 용선자가 선박의 점유권과 통제를 할 수 있는 기간을 나타낸다. 이 기간은 선주와 용선자 간의 합의에 따라 다양하게 나타난다. 용선자는 용선기간 동안 선주에게 선박사용료(용선료)를 지불해야 한다. 용선료의 지급은 고정된 일별 요금(일 평균 요율) 또는 전체 임대 기간에 대한 일시불로 지급이 가능하다. 지급조건, 청구절차 및 환율은 일반적으로 용선계약서에 기재된다. 임대기간 동안 용선자는 선박의 일상적인 운영에 대한 책임을 지며, 선장에 대한 지휘권과 항해와 관련된 비용을 부담한다. 용선자는 또한 선박의 운행일정을 관리하며 합의된 제한 사항이나 항해에 대한 지시에 따라 운항을 관리해야 한다. 용선자는 운영 측면을 관리하는 반면 선주는 선박의 전반적인 기술적 유지와 보수, 항해를 위한 선박의 상태에 대한 보장, 규정의 준수 및 필요시 주요 수리작업 등에 대한 책임을 진다. 임대기간이 종료되었을 때 용선자는 용선계약서에 명시된 대로 선박을 선주에게 반환해야 한다. 용선자는 항구에서 체선료가 발생했을 경우 이를 지불해야 한다. 용선자는 선박의 소유에 필요한 대량의 투자 없이도 선박을 사용할 수 있는 기회를 얻게 되고 선주는 예측 가능한 수입원과 비용의 공유에 따른 혜택을 받게 된다. 결과적으로 정기용선계약은 글로벌 무역 및 물류 네트워크의 효율적인 운영을 위해 신뢰성 있고 유연한 해운 솔루션을 제공하여 해상운송을 통한 화물의 이동을 지원하는 중요한 역할을 한다.

항해용선계약(voyage charter)은 특정한 항해를 할 목적으로 선박 소유자가 용선자에게 선원이 승무하고 항해장비를 갖춘 선박의 전부 또는 일부를 물건의 운송에 제공하기로 약정하고 용선자가 이에 대하여 운임을 지급하기로 약정함으로써 그 효력이 생긴다(상법 제 827조 제1항). 이는 선주와 용선자 간의 계약으로 용선자가 특정한 기간 내에 특정한 가격으로 한 항구에서 다른 항구로 화물을 운송하는 것에 동의하는 계약이다. 용선자는 무역업자, 제조업체 또는 다른 선박회사일 수 있으며 선박을 단일 항해 또는 일련의 항해를 위해 임대한다. 항해용선계약의 주요한 내용은 다음과 같다.

항해용선계약은 임대하고자 하는 선박의 유형과 크기를 명시해야 한다. 이는 특정한 선박명이나 특정 규모 또는 크기의 선박이 될 수 있다. 항해용선계약은 화물의 선적항과 양륙항을 포함해야 한다. 이러한 항구는 운송경로와 항해 기간을 결정하는 중요한 요소이다. 적재 시간은 용선자가 추가 비용을 지급하지 않고도 화물을 적재하거나 하역할 수 있는 합의된 기간이다. 적재 또는 하역하는 데 합의된 시간보다 더 오래 걸릴 경우 체선료가 부과될 수 있고 이는 선주가 합의된 적재 시간을 초과하는 추가 시간에 대해 보상을 받는 것이다. 용선료는 용선자가 선주에게 화물을 운송하는 대가로 지불하는 금전적 보상이다. 이것은 화물의 크기, 운송 거리 및 시장 상황과 같은 요소에 따라 계산된다. 항해용선계약서는 화물의 처리, 보관 및 항해 중 화물의 안전을 확보하기 위한 용선계약의 세부적인 요구사항을 포함한다. 용선자는 화물이 어떻게 처리되어야 하는지에 대한 특정한 요구사항을 제시할 수 있다. 용선계약은 연료 및 항만의 제비용이 용선비에 포함되어 있는지 아니면 용선자가 별도로 지불해야 하는지 여부를 명시해야 한다. 체선료는 합의된 적재 또는 하역 시간을 초과하는 지연에 대해 용선자가 지불하는 벌과금이다. 반면에 조출료는 적재 또는 하역이 합의된 적재 시간 이전에 완료될 경우 선주가 용선자에게 지불하는 보상 성격의 금액이다. 항해용선계약은 정기용선계약 또는 개품운송계약과 비교하여 선주와 용선자 모두에게 유연성을 제공하며 장기적인 항해에 대한 계약보다는 각각의 항해에 대한 계약으로 선주와 용선자에게 이점을 주는 계약이다. 이러한 계약은 곡물, 석탄, 석유 및 철광석과 같은 벌크화물뿐만 아니라 잡화를 운송하기 위해 해운산업에서 흔히 사용된다.

선체용선계약(bareboat charter)은 용선자의 관리 및 지배 하에 선박을 운항할 목적으로 선박소유자가 용선자에게 선박을 제공할 것을 약정하고 용선자가 이에 따른 용선료를 지급하기로 약정함으로써 그 효력이 생긴다(상법 제 847조). 이는 해상운송에서 사용되는 용선계약의 유형 중 하나로 용선자가 특정한 기간 동안 선박의 모든 통제와 소유권 그리고 선원 및 유지 보수에 대한 책임을 전적으로 맡는 형태의 용선이다. 선체용선계약에서 선사는 용선자에게 선박의 권리와 의무를 이전하며 해양산업의 형태 중 선박의 임대(lease)와 유사하다. 선체용선계약의 주요 특징은 다음과 같다.

다른 유형의 용선과는 달리 선체용선계약은 용선자가 선박의 전체적인 통제와 관리의 권한을 갖는다. 이는 선박의 항로, 일정 및 운항의 결정을 포함한다. 용선자는 용선기간 동안 선박을 운영하기 위한 선원을 제공하고 관리해야 한다. 또한 용선자는 용선기간 동안 항해를 할 수 있는 상태로 선박을 유지해야 한다. 일반적으로 용선자는 용선기간 동안 선박, 선원 및 화물에 대한 보험에 부보해야 한다. 선체용선기간 중 용선자는 선박을 자신의 국가에 재등록할 수 있다. 선체용선계약은 용선의 기간을 명시해야 하며 동 기간은 수개월부터 수년까지 다양할 수 있다. 선체용선계약은 용선료의 지급사항, 갱신 및 해지와 관련한 조항에 대한 세부 사항을 포함해야 한다. 선체(bareboat)라는 용어는 선박이 필수적인 항해 및 안전장비를 제외하고는 어떠한 장비나 용품도 갖추지 않은 상태로 임대된다는 것을 의미한다. 용선자는 선박에 연료, 선용품 및 항해에 필요한 기타 용품을 구비해야 한다. 선체용선의 기간이 종료되면 용선자는 일반적인 마모와 손상을 제외하고 선박을 임대할 때와 동일한 상태로 선주에게 반환해야 한다. 선체용선은 다양한 이유로 해양산업에서 일반적으로 사용된다. 이는 상당한 자본의 투입없이 선박을 확보하거나 수리 중인 선박을 일시적으로 대체하거나 특정한 선박의 유형이 필요한 특수 프로젝트에 사용될 수 있다. 이러한 선체용선은 용선자에게 유연성을 제공하면서 선주는 사용하지 않는 선박을 용선하여 추가적인 수입을 획득할 수 있다.

9.3.5 벌크화물의 선하증권 발행절차

운송계약을 체결하기 위해 용선자는 선사에 선복을 요청(shipping request: S/R)하게 된다. 이에 따라 선사는 용선자에게 선적을 지시(shipping order: S/O)하게 된다. 이후 용선자는 내륙운송을 통해 화물을 부두로 운송한다. 화물을 부두에 장치한 후 선박이 도착하면 화물의 선적이 시작된다. 선적이 완료된 이후 선장은 화물의 외관상의 진정성을 확인한다. 이를 관능검사라고 한다. 관능검사가 종료된 후 문제가 없을 경우 선장은 무사고 본선수취증(clean mate's receipt: clean M/R)을 선사로 보낸다. 선사는 clean M/R을 기초로 무사고 선하증권(clean B/L)을 발행하여 용선자에게 넘겨준다. 용선자는 선하증권과 기타 신용장에서 요구하는 모든 서류를 구비하여 매입은행에 가서 화환어음을 발행하여 대금을 회수한다.

만일 선적 후 화물의 관능검사에서 선장이 화물의 파손이나 문제를 발견한 경우 선장은 Foul mate's receipt를 선사에 보내게 된다. 이는 foul B/L이 발행되는 근거가 된다. 이 경우 용선자는 선사에 파손화물보상장(Letter of Indemnity: L/I)을 제공하고 clean B/L을 발급받는다. 용선자는 이를 통해 매입은행에 화환어음을 매입할 수 있다. 이 경우 용선자는 반드시 L/I를 통해 clean B/L을 발급받았다는 사실을 보험자와 수입상에게 통지해야 한다. 그렇지 않을 경우 수입상은 문제가 없는 화물을 인수할 것으로 예상하게 되지만 파손된 화물이 도착한 경우 보험자에게 보험금을 신청하게 된다. 이를 방지하기 위해 용선자는 반드시 L/I의 발급사실을 보험자와 수입상에게 알려야 한다.

9.3.6 부정기선의 운임

운임은 벌크선박을 운항하는데 있어 중요한 요소이다. 먼저 선불운임(freight prepaid)은 화물을 운송하기 전에 화주로부터 선사가 지급받는 것이다. 일괄운임(lump sum freight)은 선사가 화주에게 한 번의 항해 또는 항해당 선박의 전체에 대해 운임을 부과하는 것이다. 비례운임(prorate freight)은 선사가 운송 중 불가항력적인 사태로 인해 운송을 하지 못하는 경우 운송한 비율에 따라 화주에게 부과하는 운임이다. 부적운임(dead freight)은 화주가 계약된 화물을 모두 인도하지 못하여 선박을 가득 채우지 못하고 빈 공간이 있는 상태로 운송해야 하는 경우 이러한 빈 공간에 대해 화주가 선주에게 지급해야 하는 운임이다. 예를 들면 화주가 10만 톤의 쌀을 부산항으로부터 인도네시아 자카르타항까지 운송하기로 했는데 출항일까지 8만 톤의 쌀을 선적하였다. 이 경우 2만 톤은 빈 공간으로 운송해야 하고 이에 대한 운임까지 화주가 선주에게 모두 지불해야 해서 이러한 빈 공간인 2만톤의 운임을 부적운임이라고 한다.

9.3.7 정박기간

정박기간은 용선자가 선주에게 선적 및 하역을 하기 위해 용선계약서에 기재하는 기간을 나타낸다. 관습적 조속하역(customary quick despatch: CQD)은 항구의 관습에 따라 가능한 한 빨리 하역을 이행하는 것으로 동 기간이 정박기간이 된다. 연속정박기간(running laydays)은 하역의 시작부터 종료까지 전체 일자가 정박기간이 된다. 업무가능일하역(weather working days: WWD)은 하역업무가 가능한 날씨의 날자 만을 정박기간에 포함시키는 것이다. 이는 일요일과 공유일을 제외하는 WWD Sunday and Holiday excepted와 일요일과 공휴일 중 작업하지 않은 날을 제외하는 WWD Sunday and Holiday excepted unless used를 포함한다.

9.4 • 부정기선사의 조직구조

부정기선사의 조직구조에 대한 이해가 필요하다. 이들의 조직구조는 일반적으로 다양한 부서와 역할을 포함하여 부정기선을 효율적으로 관리하고 운영하는데 필요한 구조를 갖추고 있다. 부정기선사의 조직구조는 다음과 같다.

부정기선사의 경영진으로 최고경영자 또는 소유자는 회사의 전반적인 전략적 방향과 경영을 책임진다. 최고경영자는 기업의 전반적인 경영전략에 대한 의사결정을 내리고 기업의 목표를 설정하며 전체 조직의 성과를 감독한다. 이사회는 최고경영자 및 다른 상위의 경영진에게 지침을 제공하고 감독한다. 이들은 해운 및 항만 산업의 전문가, 투자자 및 이해관계자 등으로 구성된다.

부정기선사의 운영 부서로 운영 매니저는 부정기선의 일상적인 운영을 감독하며 일정 조정, 항해 계획 및 항만 관련 기관과의 조율을 담당한다. 선대 매니저는 회사의 용선선박의 선대를 관리하며 정기 점검, 수리 및 검사를 포함한 유지보수와 관련한 일정을 관리한다. 선장은 선박의 운영을 감독하고 규정 준수, 비상상황의 처리 등을 담당한다.

부정기선사의 영업부서로 용선계약관리자는 화주와 용선계약을 협상하고 운임을 설정하며 계약의 관리를 담당한다. 용선 브로커는 용선 선박을 임대할 화주를 찾아주고 선사와 용선자 간의 협상을 중재한다. 화물 운영부는 화물의 적재 및 하역을 조정, 문서의 처리, 화주 및 항만과 관련 기관과의 협의를 담당한다.

부정기선의 기술부서로 기술 감독관은 선박 운영의 기술적 측면을 감독하며 유지, 보수와 수리, 기능향상과 안전 및 환경규정의 준수를 관리한다. 기사 및 기술자는 선박의 기계 및 장비의 정기적인 유지와 보수, 검사 및 수리를 수행한다. 품질 및 안전관리 담당자는 품질 기준, 안전 절차 및 규정 요건을 준수하는지 확인한다.

부정기선의 재무 및 행정과 관련하여 재무책임자(chief financial officer)는 재무, 예산의 편성, 재무에 대한 보고 및 위험관리를 책임진다. 회계담당자는 송장 처리, 지급, 매출과 매입의 계정, 재무기록의 관리 등을 담당한다. 인사담당자는 인력의 관리, 채용, 교육, 급여, 인사 관계 등을 관리한다.

법률 및 법무와 관련해 자문변호사는 법적 자문을 제공하고 계약서의 작성, 법적 분쟁의 처리 및 규정의 준수를 확인한다. 법무팀은 해상법, 규정, 안전 표준, 환경 정책 등을 준수하는지 확인한다.

마케팅 및 사업 개발과 관련한 마케팅관리자는 마케팅전략의 개발, 회사의 운송서비스에 대한 홍보 및 고객이나 산업의 이해관계자와의 관계구축을 담당한다. 사업개발팀은 신시장의 개발, 잠재고객의 확인 및 신규 고객의 개발을 담당한다.

이러한 부정기선사의 조직구조는 부정기선사의 규모, 특정 비즈니스 모델 및 제공하는 선박 및 서비스 유형에 따라 다를 수 있다. 규모가 작은 회사는 부서와 역할이 적을 수 있고 규모가 큰 회사는 각 부서 내에 보다 전문화된 기능과 계층을 갖출 수 있다.

9.5 • 부정기선사의 영업방식

용선시장에서 부정기선사가 사용하는 영업방식은 그들의 이윤창출방법과 관련이 있다. 부정기선사는 화물의 운송을 위해 선박을 임대하는 기업으로서 용선계약을 확보하고 운영을 효과적으로 관리하기 위한 다양한 영업방식을 활용하고 있다. 글로벌 운송시장에서 부정기선사가 사용하는 일반적인 영업방식은 다음과 같다.

첫째는 화주와 직접 협상을 이행한다. 부정기선사는 용선자나 그 대리인과 직접 협상을 진행하여 용선계약을 확보한다. 이 방법은 선박의 유형, 임대기간, 운임, 요율, 선적항, 하역항, 대기시간 등과 같은 조건들을 논의하는 과정을 포함한다.

둘째는 브로커의 서비스를 이용한다. 부정기선사는 선박중개인이 제공하는 브로커 서비스를 이용할 수 있다. 선박중개인은 용선자와 선주 간을 중개하는 역할을 하며 협상을 원활하게 진행하고 시장의 동향을 제공하고 용선계약을 체결하는 데 도움을 준다. 선박중개인은 해양산업에 대한 지식과 네트워크를 보유하고 있어 운송화물에 적합한 선박을 전문적으로 찾아주고 필요한 조언을 제공한다.

셋째는 온라인 플랫폼 및 거래소를 활용한다. 기술의 발전으로 인해 온라인 플랫폼과 거래소가 용선계약에 많이 활용되고 있다. 이러한 플랫폼을 통해 용선자는 사용이 가능한 선박을 검색하고 요율을 비교하여 선사에 직접 용선에 대한 문의를 할 수 있다. 이들은 다양한 선박에 대한 정보를 제공하여 편리하고 투명한 플랫폼의 사용을 통해 용선자가 신중한 결정을 내릴 수 있게 도움을 준다.

넷째는 입찰을 이용한다. 용선을 하고자 할 때 용선자는 입찰을 통해 용선을 할 수 있다. 이는 선주나 브로커에게 제안서나 입찰과 관련한 문서를 요청하는 것이다. 선주나 브로커는 제안서를 제출하고 용선자는 운임, 선박의 사양, 운영능력, 계약조건 등을 기준으로 평가하여 가장 적합한 선사를 선택한다.

다섯째는 장기용선계약을 이용한다. 용선자는 선주와 장기 계약을 체결할 수 있다. 이는 지속적인 또는 반복적인 운송을 위한 것으로 정기용선이나 선체용선이 포함될 수 있다. 이러한 계약은 선박의 가용성, 가격 및 서비스 수준에 대한 안정성과 예측 가능성을 제공한다.

여섯째는 네트워킹과 산업 관계를 구축하는 것이다. 글로벌 운송산업에서 관계의 구축과 유지는 용선자에게 매우 중요하다. 선주, 중개인, 산업의 협회 및 관련 이해관계자들과의 네트워킹은 용선자가 시장의 동향, 사용 가능한 선박 및 새로운 기회에 대해 파악할 수 있도록 도와준다. 이러한 강력한 네트워킹과 관계의 구축은 더 나은 조건으로 협상하거나 용선계약을 체결할 수 있는 근거가 된다.

각 영업방법은 선사의 상황에 따라 적합한 장단점이 있을 수 있고 화물의 특성, 긴급성, 예산, 시장상황 및 선사가 원하는 수준의 통제와 유연성 등에 따라 달라질 수 있다. 효과적인 영업전략은 선사가 경쟁력 있는 용선의 요율을 확보하고 적절한 선박에 접근하여 글로벌 운송산업에서 효율적으로 용선자의 요구사항을 충족시키는 것이다.

CHAPTER

10

복합운송

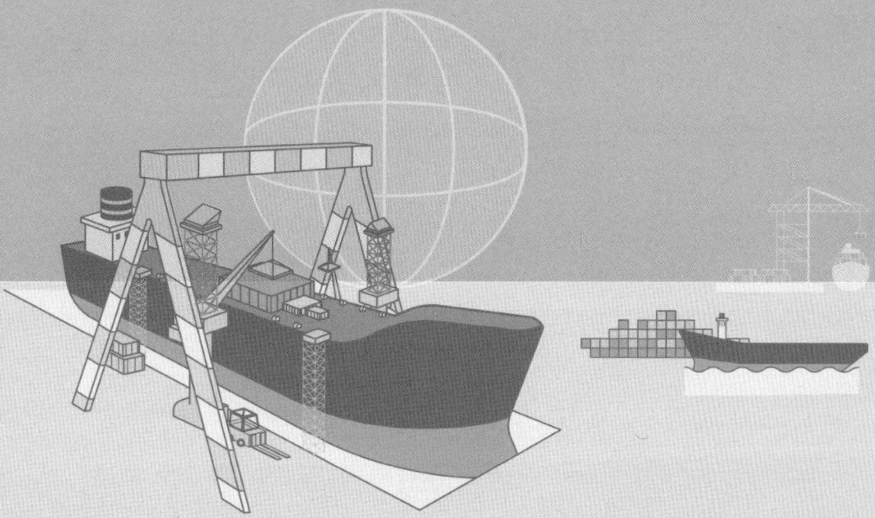

Chapter

10 | 복합운송

10.1 • 서론

복합운송은 해상운송, 항공운송, 철도운송 및 트럭운송 중 적어도 2가지 이상의 상이한 운송방식을 결합해서 전체 운송을 완성하는 운송방식을 의미한다. 복합운송은 대부분 컨테이너운송에 의해 이행된다. 컨테이너화물은 완제품이나 반제품과 같이 벌크화물이 아닌 다양한 화물이 컨테이너에 적입되어 운송되는 것을 나타낸다. 따라서 복합운송은 컨테이너운송을 중심으로 설명하고자 한다.

10.2 • 정기선운송 일반

10.2.1 정기선운송의 정의

정기선운송은 미리 정해진 노선, 일정 및 공시된 운임에 따라 운영되는 계획된 해상운송 서비스의 유형을 의미한다. 이것은 해상운송에서의 기본적인 운송방식이며 무역 및 물류에 대해 중요한 역할을 한다. 정기선운송의 특성은 다음과 같다. 정기선운송은 미리 결정된 일정과 노선에 따라 선박에 의해 운송된다. 시장의 수요를 기초로 부정기적으로 항구 간을 운송하는 부정기선운송과는 달리 정기선운송 서비스는 예정된 항구 간의 출발 및 도착 시간을 가지고 있어 화물의 이동시간에 대한 예측이 가능하다. 정기선운송 서비스는 정해진 항구 간 및 중간에 기항하는 항구들을 연결하는 정해진 노선이 있다. 이러한 정기선사는 특정 항구 간 서비스를 제공하고 다른 지역 또는 대륙 간의 화물운송에 대한 수요를 충족시키기 위한 운송 서비스를 제공한다. 정기선사는 컨테이너의 운임, 항만관련 비용, 환율조정비(currency adjustment fator: CAF), 연료조정비(bunker adjustment factor: BAF) 등과 같은 다양한 운송서비스에 대한 운임과 비용을 공시한다. 이러한 공시된 비용은 고객에게 투명성을 제공하고 운임을 계산하는 데 도움이 된다. 정기선운송은 효율적인 화물의 처리와 운송을 위해 표준화된 컨테이너에 화물을 적재하는 컨테이너화와 관련이 있다. 컨테이너선은 정기선운송 서비스에서 사용되는 주요한 선박으로 다양한 종류의 컨테이너를 운반할 수 있다. 정기선운송 서비스는 소량화물의 운송, 운항 빈도, 문전배송, 화물의 추적, 화주의 특수한 요구사항 등과 같은 추가적인 서비스를 제공할 수 있다. 정기선운송은 컨테이너가 선박, 트럭 및 기차 사이에서 원활하게 이동할 수 있는 복합운송서비스의 일부이다. 이러한 복합운송은 공급사슬의 효율성과 연결성을 향상시키며 글로벌 공급사슬에서 물류솔루션을 제공한다. 따라서 정기선운송은 다양한 종류의 상품을 운송할 수 있고 화주에 대해 운송서비스의 신뢰성을 제공하고 계획된 해상운송 서비스를 제공함으로서 무역을 효과적으로 지원하고 있다. 이것은 글로벌 공급사슬의 중추를 형성하며 세계 경제의 연결성에 크게 기여하고 있다.

10.2.2 해운동맹

해운동맹(Shipping Conference)은 특정한 무역의 노선이나 지역에서 운영되는 여러 해운사 간의 협력을 의미한다. 해운동맹의 주요한 목적은 경쟁을 배제하고 공통의 운임율을 설정하며 운송업계 내에서 일정과 서비스를 조정하는 것이다. 해운동맹은 특정한 해상운송경로에서 해운서비스를 제공하는 해운사 간의 카르텔을 의미한다. 이러한 해운동맹은 해운과 관련한 운영을 조직화하고 공정한 경쟁을 보장하기 위해 동맹을 결성하여 이익을 공유하고자 한다. 해운동맹은 해운법, 국제협약 및 경쟁규정에 따라 규제적 구조 내에서 운영된다. 해운동맹은 독점금지법에 의한 규제를 받지 않고 동맹 내에서 과도한 경쟁행위를 방지하고 공정한 시장 관행을 보장한다. 해운동맹의 주요 기능 중 하나는 특정 노선에서의 화물운송에 대한 공통 운임율을 설정하고 유지하는 것이다. 이러한 운임율은 동맹선사 간에 공동으로 합의하고 화주 및 해운산업의 이해관계자들이 확인할 수 있는 운임율로 공개된다. 해운동맹은 회원 간의 선박운항일정과 서비스의 조정을 지원한다. 이는 선박투입의 최적화, 투입되는 선박의 양에 대한 관리 및 화주에 대한 신뢰성 있는 운송서비스의 제공을 가능하게 한다.

해운동맹은 해운서비스의 품질, 선박의 사양, 화물의 처리절차, 문서의 표준화 및 고객지원과 관련된 표준을 설정한다. 이러한 표준은 회원사 간의 일관되고 효율적인 운영을 보장하기 위한 것이다. 해운동맹은 회원사 간에 선박의 투입량, 과거 성과 또는 시장 점유율과 같은 사전에 정의된 기준을 기반으로 화물을 적재하는 공간이나 슬롯을 할당할 수 있다. 이러한 할당절차는 효과적으로 수요를 관리하고 운송서비스에 대한 공정한 접근성을 보장하게 된다. 또한 해운동맹은 회원사 간의 자원(선박, 컨테이너 또는 터미널 시설 등)을 풀링하는 것도 포함된다. 자원의 풀링은 운영효율성의 향상, 비용의 절감 및 서비스범위의 확대를 도모할 수 있다. 공통 요율의 설정 및 서비스의 조정을 통해 해운동맹은 회원사와 화주 모두에게 시장 안정성과 예측 가능성을 제공한다. 이는 경쟁적 운임인하 또는 운임율의 변동성을 피하고 회원사 간의 적자생존을 방지한다. 해운동맹은 해운산업 내에서 협력과 효율성을 촉진하는 동시에 잠재적인 시장의 흐름에 반하는 동맹 외 해운선사의 행동에 대한 감시도 이행하고 있다. 규제 당국은 협의회를 지속적으로 모니터링하여 경쟁법을 준수하고 해운산업의 이해관계자와 화주의 이익을 조화시키려고 노력하고 있다.

해운동맹은 화주에게 다양한 서비스를 제공하고 있다. 이러한 서비스는 화주가 지속적으로 해운동맹을 이용할 수 있는 근거가 된다. 계약운임제(contract rate system)는 화주가 일정기간 동맹선에만 화물을 적재할 것을 계약하고 일반 요율보다 낮은 요율을 적용하는 것이다. 충실보상제(fidelity rebate system)는 일정 기간 동안 해운동맹의 선박에만 화물을 적재할 경우 화주에게 운임의 일정부분을 돌려주는 제도이다. 운임연환제(deferred rebate system)는 화주가 일정기간 동맹선사의 선박에만 적재하고 다음 기간에도 동맹선사의 선박에만 적재하였을 경우 첫 번째 기간의 운임의 일정부분을 환급해 주고 또 다음의 기간 동안 동맹선사의 선박에만 화물을 적재한 경우 두 번째 기간의 운임의 일부를 환급해 주는 제도이다. 이는 화주가 동맹 외 선사를 이용하지 못하게 하는 강력한 효과가 있어 독점금지법에 의해 규제되고 있다. 또한 해운동맹의 운영방식으로 운임협정(rate agreement)은 운임의 최저수준을 정해 회원사 간의 경쟁을 제한하는 것이다. 항해제한(sailing agreement)은 각 회원사에 물동량을 할당하여 이를 초과하지 못하게 하여 경쟁을 제한하는 제도이다. 풀링협정(pooling agreement)은 운임에서 운송에 투입된 비용을 공제하고 수익을 배분율에 따라 배분하는 방식이다. 공동경영(joint service)은 회원사가 경영을 공동으로 함으로서 비용절감과 배선을 합리화하는 방식이다. 맹외대항선(fighting ship)은 동맹 외 선사의 선박이 해운동맹의 노선에서 운항하는 경우 동맹선사의 선박들은 모두 철수하고 맹외대항선을 투입하여 동맹 외 선사의 선박이 퇴출될 때까지 원가 이하의 낮은 운임으로 운항하는 선박을 의미한다. 맹외대항선의 투입에 따른 비용은 회원사들이 공동으로 분담하게 된다.

해운동맹의 사례는 다음과 같다. 2M은 세계적으로 가장 큰 컨테이너선사 중 두 회사인 Maersk Line과 Mediterranean Shipping Company(MSC)로 구성된다. 2M은 주요 해상운송을 위한 노선에서 선복을 공유하고 일정을 조정하여 효율성과 네트워크 범위를 개선하기 위해 만들어졌다. MSC의 선복은 총 463만 TEU를 보유하고 있고 해운동맹에 115만 TEU를 기여하고 있고 Maersk는 총 423만 TEU를 보유하고 있고 해운동맹에 166만 TEU를 기여하고 있다(2022년 기준). THE Alliance는 Hapag-Lloyd, Hyundai Merchant Marine(HMM), Ocean Network Express(ONE) 및 Yang Ming Marine Transport Corporation 간의 동맹이다. 이 동맹은 주로 동서 방향의 해상운송을 위한 노선에서 서비스를 제공하며 개선된 일정의 신뢰성과 확장된 서비스를 제공한다. 이들의 선복량은 총 303만 TEU를 보유하고 있고 205만 TEU를 해운동맹이 투입하고 있다(2022년 기준). Ocean Alliance는 CMA CGM, COSCO Shipping, Evergreen Line 및 OOCL로 구성된다. Ocean Alliance는 컨테이너운송 분야에서 가장 큰 동맹 중 하나이다. 이 동맹은 주요 해상운송의 노선을 효율적으로 유지하고 선박의 투입을 최적화하기 위해 노력하고 있다. 이들은 선복량으로 총 430만 TEU를 보유하고 있다(2022년 기준). 이러한 해운동맹에서 선사들은 해상운송산업에서 운영의 효율성, 서비스의 범위 및 경쟁력의 향상을 위해 협력하고 있다.

2025년 2월부터 MSC는 머스크와의 2M 종료 이후 스에즈 운하 노선을 포함하여 동서노선에 단독운항을 하고자 한다. MSC는 아시아와 북유럽 7개 노선, 아시아와 지중해 6개 노선, 아시아와 북미 서안 4개 노선, 아시아와 북미 동안 6개 노선 및 환대서양 11개 노선 등 5개 항로 34개 노선을 제공하고자 한다. 이들은 아시아와 유럽 항로에서 프리미어 얼라이언스와 2025년부터 협력하여 9개의 서비스에서 선복교환 계약을 체결하였다. 2025년 3월부터 MSC와 ZIM은 3년간 선복교환 및 선박공유를 포함하여 6개 서비스에서 장기운항협력을 하고자 한다. 머스크와 하팍로이드의 제미니 얼라이언스는 2025년 2월부터 희망봉항로에서 340척(370만TEU)의 선박을 투입할 예정이다. 이들은 스에즈 항로에 300척(340만TEU)를 투입할 예정이다. HMM, ONE 및 양밍은 2032년까지 이행되는 프리미어 얼라이언스를 결성하였다. 이들은 미주 서안 12개 항로, 미주 동안 4개 항로, 지중해 5개 항로, 중동 3개 항로를 포함해 총 30개 항로에서 협력할 것이다. CMA CGM, 코스코쉬핑, 에버그린 및 OOCL의 OCEAN 얼라이언스는 2032년까지 연장되었다. 이들은 남서 태평양 항로 8개, 북서 태평양 항로 4개, 아시아와 미국 동안 걸프 항로 8개, 환태평양 항로 2개, 아시아와 북유럽 항로 6개, 아시아와 지중해 항로 4개 및 극동과 중동 항로 3개를 포함하여 35개 항로에 321척의 선박을 투입하고 있다(해양한국 2024년 9월 12일).

10.2.3 편의치적과 제2치적

선박은 부동산으로 취급되고 이에 따라 선사는 선박을 등록을 해야 한다. 이 경우 편의치적을 통해 선사는 자신의 국가가 아닌 다른 국가에 선박을 등록할 수 있다. 선사는 편의치적을 하기 위해 선택한 국가가 제공하는 특정 법적, 규제적 및 재정적 혜택을 누리기 위해 이를 선택한다. 편의치적의 이점은 다음과 같다. 선사는 자신의 선박을 보다 유리한 조건을 제공하는 국가에 등록할 수 있다. 이러한 국가들은 파나마, 라이베리아, 마셜제도, 바하마 등이 있다. 선사는 자국의 엄격한 규제를 회피하기 위해 편의치적 국가의 낮은 세금과 규제의 혜택을 받고자 한다. 선사는 등록세, 소득세, 각종 세금 및 안전과 환경기준에 대한 비용을 절감할 수 있다. 편의치적국에 등록하는 것은 선원고용비율, 노동법 및 운영관행과 관련해서 유연성을 제공할 수 있다. 일부 선사는 엄격한 노동 규정을 회피하거나 임금이 낮은 국가의 선원을 고용하기 위해 편의치적을 선택하고 있다.

편의치적 시스템에 대한 비판은 선원들의 열악한 근무 환경, 선박의 안전 및 낮은 수준의 환경에 대한 기준 등을 지적한다. 일부 편의치적국은 규정의 엄격한 시행을 회피하여 환경오염, 해상사고 및 부적절한 선원에 대한 교육과 같은 문제를 발생시킬 수 있다. 이에 따라 국제해사기구(IMO)는 해양 안전, 보안 및 환경보호를 위한 글로벌 기준을 수립하고 시행하기 위해 노력하고 있다. 요약하면 편의치적의 사용은 경제적 요소와 규제적 및 운영상 고려사항이 교차되는 해양산업의 복잡한 생태를 반영한다. 편의치적과 관련된 문제들은 투명성 개선, 국제규정의 강화, 선박운영과 선원복지에 대한 감독 등을 통해 개선할 수 있다.

이와는 달리 제2치적은 편의치적에 의해 국가의 부가 유출되는 것을 방지하기 위해 선주국가의 특정 항구에 편의치적국에서 제공하는 혜택과 유사한 혜택을 제공하게 하여 제2치적을 하도록 유도하고 있다. 우리나라는 제주특별자치도 설치 및 국제자유도시 조성을 위한 특별법에 따라 제주도를 선박등록특구로 지정하여 선사가 제2치적을 할 수 있도록 다양한 혜택을 제공하고 있다.

10.3 • 컨테이너화물의 해상운송

10.3.1 컨테이너의 정의

컨테이너는 전 세계의 운송에 혁명을 일으켰다. 표준화된 컨테이너가 등장하기 전인 1940년대 이전에는 물품이 보통 개별적으로 포대, 드럼, 상자에 담겨 선박에 싣거나 운반되었다. 이는 노동집약적이고 시간이 많이 소요되며 비효율적이었다. 그 이후 1960년대까지 국제적으로 물류의 발전을 이끈 것은 미국의 기업가 말콤 맥클린이다. 맥클린의 회사인 씨랜드 서비스(Sea-Land Service)는 1956년에 컨테이너화의 개념을 도입하였고 이후 '아이딜-엑스(Ideal-X)'라는 유조선을 개조하여 뉴저지에서 휴스턴까지 58개의 컨테이너를 성공적으로 운송했다. 이를 통해 컨테이너운송산업이 탄생하게 되었다. 맥클린의 성공 이후 1970년대까지 국제표준화기구(ISO)는 컨테이너의 규격, 종류 등의 사양에 대한 표준을 개발했다. 이러한 컨테이너의 표준화는 다양한 운송방식(선박, 트럭, 기차 등) 간에 컨테이너를 쉽게 환적할 수 있는 기초가 되었다. 이후 1990년대까지 컨테이너화는 빠른 적재 및 하역 시간, 인건비 절감, 향상된 보안 및 컨테이너를 개방하지 않고도 다양한 운송방식 간에 쉽게 환적할 수 있는 장점 등으로 많은 수요가 있었다.

세계 각국의 항구는 컨테이너 터미널 및 인프라를 확장하여 컨테이너화된 운송수요를 충족시켰다. 이러한 컨테이너의 등장으로 복합운송이 발달하게 되었다. 이는 단일 운송과정에서 여러 운송수단(선박, 기차, 트럭 등) 간에 컨테이너를 환적하는 것을 통해 글로벌 공급사슬을 효율적으로 관리하고 무역의 확대에 기여했다. 최근 몇십 년간 컨테이너는 기술의 발달과 함께 진보하였다. 컨테이너와 관련된 기술의 발달은 자동화된 컨테이너 터미널, GPS 추적시스템, 무선주파수식별장치(RFID), 디지털 문서처리시스템 등 시스템의 진보에 기여했고 컨테이너의 처리, 추적 및 물류관리에서 효율성을 향상시켰다. 오늘날 컨테이너는 무역에서 중요한 역할을 하며 상품운송에 효율성을 부가하고 있다. 그러나 주요 항구의 혼잡, 제한된 컨테이너의 용량, 사이버 보안위험 및 컨테이너운송에서 환경문제 등은 해결해야 할 문제로 남아 있다. 컨테이너운송은 물류 및 공급사슬관리와 글로벌 운송에서의 혁명으로 세계 경제에서 더 큰 효율성, 신뢰성 및 연결성을 제공하고 있다.

10.3.2 컨테이너운송의 절차

다음은 컨테이너운송의 절차를 LCL화물(less than container loaded cargo)과 FCL화물(full container loaded cargo)로 분류하여 보여주고 있다.

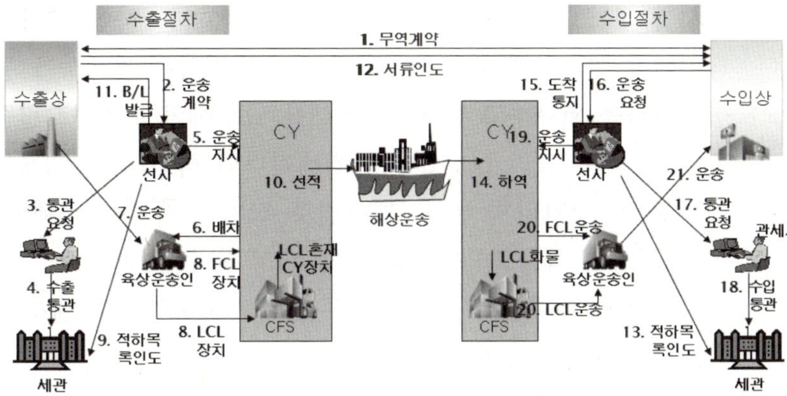

[그림 10-1 컨테이너운송절차]

[그림 10-1]은 컨테이너운송의 절차를 보여주고 있다. 수출상과 수입상은 무역계약을 체결한다. 가격조건이 CIP규칙이고 운송조건이 컨테이너운송일 경우 수출상은 운송인과 운송계약을 체결해야 한다. 수출상은 수출통관이 완료된 화물을 운송인에게 인도한다. FCL화물은 운송계약시 수출상이 door요청을 하게 되고 이에 따라 선사는 터미널에 door지시를 하게 되어 트레일러를 수출상의 문전까지 보내게 된다. 수출상은 도착한 트레일러의 컨테이너에 화물을 적입하고 트레일러는 컨테이너 야드로 들어가게 된다. 이에 따라 선사는 컨테이너의 입고를 확인하고 B/L을 발행하여 수출상에게 전달한다. 선박이 입항하면 동 컨테이너는 선박에 적재되고 선박은 출항하게 된다. 이와는 달리 LCL화물은 수출상이 내륙운송수단을 수배하여 화물을 CFS로 인도하게 된다. 한 컨테이너에 혼재되는 동일한 목적지로 가는 화물이 모두 CFS에 입고되면 CFS의 작업반장은 빈 컨테이너를 수배하여 화물을 모두 적입하여 컨테이너를 CY로 보내게 된다. 국제물류주선인은 House B/L을 발행하여 수출상에게 전달한다. 선박이 입항하면 동 컨테이너는 선박에 적재된다. 선박이 출항하여 해상운송을 통해 수입항에 도착하면 화물은 즉시 하역된다. FCL화물은 하역 후 CY에 장치되고 선사는 수입상에게 화물도착통지를 하게 된다. 이 경우 수입상은 door를 요청하게 되고 선사는 터미널에 door

지시를 하게 된다. 이에 따라 터미널은 배차를 하여 수입상에게 컨테이너를 인도하게 된다. 이와 동시에 수입상은 관세사를 통해 수입통관절차를 완료하고 관세 및 제세를 납부하면 수입신고필증이 발행된다. 이와는 달리 LCL화물은 컨테이너의 하역 즉시 CFS로 입고되어 화물이 장치되게 된다. 화주별로 장치된 화물은 국제물류주선인이 화주에게 화물도착통지를 하게 되고 화주는 관세사를 통해 수입통관절차를 이행하고 내륙운송수단을 수배하여 CFS에서 수입상의 창고로 화물을 운송하게 된다.

컨테이너화물의 선화증권 발행절차는 수출상의 선복요청(shipping request)에 대해 운송인은 선적지시(shipping order)를 하게 된다. 이 경우 수출상은 운송인에게 door요청을 하게 된다. 이에 따라 운송인은 빈 컨테이너를 수배해서 트레일러에 싣고 수출상의 문전에 도착하고 수출상은 화물을 컨테이너에 적입하게 된다. 트레일러는 CY에 도착하여 컨테이너를 장치하게 된다. 컨테이너의 입고를 확인한 터미널은 부두수령증(dock receipt)을 선사에 보내면 선사는 이를 근거로 선하증권(bill of lading)을 발행하게 된다. 컨테이너화물을 기초로 발행된 선화증권은 모두 터미널에서 컨테이너를 수령한 후 발행되고 이는 선적선하증권으로 본다.

<table>
<tr><th colspan="6">Bill of Lading</th></tr>
<tr><td colspan="2">① shipper/Exporter
Daeyang Fisheries Commercial Co., Ltd., 1 Centerum, Haeundae-Gu, Busan, Republic of Korea</td><td colspan="4">⑪ B/L No.
B2022041</td></tr>
<tr><td colspan="2">② Consignee

To order of Mellon Bank</td><td colspan="4" rowspan="2">Ⓙ Jin Shipping Co., Ltd.
4 Seocho-Dong, Kang Nam-Gu, Seoul,
Republic of Korea
Tel. +82 2 777-8888
Fax. +82 2 777-8889</td></tr>
<tr><td colspan="2">③ Notify Party
ANSO NYLON Co.,Ltd.
82 Church ST., New York
N.Y. 10007, U.S.A</td></tr>
<tr><td>Pre-Carrage by</td><td>Place of Receipt
Busan, Korea</td><td colspan="4">Remarks</td></tr>
<tr><td>④ Ocean vessel
WD Mark</td><td>Voyage No.
1419E</td><td colspan="4">⑫ Flag
KOREA</td></tr>
<tr><td>Port of Loading
Busan, Korea</td><td>Port of Discharge
NEW York, U.S.A</td><td colspan="2">Place of Delivery
NEW York, U.S.A</td><td colspan="2">Final Destination
NEW York, U.S.A</td></tr>
<tr><td>⑬ Container No.
⑭Seal No. Mark & No.

ID01139

Total No. of Containers or Packages(in words)</td><td>⑮No. & Kinds of Countainers or Packages

5 Cartons</td><td>⑯ Description of Goods

Canned Top-shell Seasoned (300 Cases)</td><td>⑰ Gross Weight

1,010 KGS</td><td colspan="2">Measurement

10.01CBM</td></tr>
<tr><td>⑱ Freight and Chardes</td><td>⑲ Revenue tons</td><td>⑳ Rate</td><td>㉑ per</td><td>㉒ Prepaid</td><td>Collect</td></tr>
<tr><td>㉓ Freight prepaid at
Busan, KOREA</td><td>㉔Freight payable at</td><td colspan="4" rowspan="2">㉖ Place and Date of issue
July 19, 2022, Busan</td></tr>
<tr><td>Total prepaid in</td><td>㉕ No. of original B/L
THREE/3</td></tr>
<tr><td colspan="2">㉗ Laden on board vessel
Date Signature
July 19, 2022</td><td colspan="4">㉘ Jin Shipping Co. LTD.
By Kim, H.J. (Signature)
As Carrier</td></tr>
</table>

10.3.3 컨테이너의 종류와 운송방식

컨테이너는 20피트와 40피트로 분류된다. 20피트 컨테이너는 33CBM이 적재되고 최대적재중량은 26톤이고 40피트 컨테이너는 67CBM이 적재되고 최대적재중량은 30톤이다. 이러한 컨테이너는 드라이컨테이너(dry container)이고 공산품 등 일반적인 제품을 운송할 수 있다. 냉동컨테이너(refer container)는 컨테이너에 내동 및 냉장을 할 수 있는 냉각기가 부착된 컨테이너이다. 오픈탑컨테이너(open top container)는 컨테이너의 위쪽에 문이 개방되어 기계류와 같은 제품을 크레인을 이용해서 위쪽의 문을 통해 적재할 수 있는 컨테이너이다. 플랫락컨테이너(flat rack container)는 컨테이너의 지붕과 바닥을 네 개의 기둥이 모서리에서 받치고 있는 형태로 벽면이 없는 컨테이너이다. 동물운반용컨테이너(pen or livestock container)는 동물의 먹이를 주고 배설물을 치울 수 있는 구조로 되어 있는 동물을 운반하기 위한 컨테이너이다. 탱크컨테이너(tank container)는 유무기 화합물, 석유류, 식료품 등 액체화물을 수송할 수 있도록 만들어진 컨테이너이다. 플랫폼컨테이너(platform container)는 형태가 일반적이지 않아 다른 컨테이너에 적입하지 못하는 화물을 운반하기 위한 컨테이너이다. 솔리드벌크컨테이너(solid bulk container)는 상부의 입구로 곡물류의 화물을 적재하고 하부의 출구로 화물을 적출하는 형태로 쌀, 콩, 보리 등의 곡물류를 운송하는 컨테이너이다.

컨테이너는 FCL과 LCL로 분류된다. FCL은 화물의 크기에 관계없이 컨테이너의 화주가 1명인 경우이고 LCL은 동일한 목적지로 운송되는 화물에 대한 다수의 화주들이 국제물류주선인을 통해 하나의 컨테이너에 혼재한 경우를 의미한다. 선사는 FCL화물만을 영업하고 국제물류주선인은 FCL화물과 LCL화물을 모두 영업한다. 화주가 국제물류주선인에게 FCL화물의 운송을 의뢰하는 이유는 선사의 경우 운임을 현금으로만 받지만 국제물류주선인의 경우 어음을 받기 때문이다.

컨테이너화물의 운송방식은 다음과 같다. CFS to CFS(pier to pier/LCL to LCL)는 수출항에서 다수의 화주들이 CFS로 화물을 운송하여 혼재 후 선적되고 수입항에서 하역 후 즉시 CFS로 입고되어 화주별로 장치된다. 컨테이너운송은 수출항의 부두(pier)에서 시작되어 수입항의 부두(pier)에서 종료된다. 이는 동일한 목적지로 운송하려는 다수의 수출상이 국제물류주선인을 통해 화물을 혼재하고 수입항에서 다수의 수입상에게 화물을 인도하는 방식이다. 이러한 LCL화물의 운송방식은 각각의 화물을 FCL화물로 운송하는 것보다 적은 비용으로 운송할 수 있고 컨테이너를 효율적으로 활용할 수 있는 측면에서 경제적인 운송방식으로 볼 수 있다.

CFS to CY(pier to door/LCL to FCL)는 수출항에서 다수의 화주들이 CFS로 화물을 운송하여 혼재 후 선적되고 수입항에서 1명의 수입상의 문전까지 운송된다. 이는 컨테이너운송이 수출항의 부두(pier)에서 시작되고 수입국에서 수입상의 문전(door)에서 종료된다. 이 경우 1명의 수입상이 다수의 수출상으로부터 화물을 수집하여 하나의 컨테이너로 작업하여 수입하는 경우이다.

CY to CFS(door to pier/FCL to LCL)는 수출항에서 1명의 수출상이 door를 통해 CY로 컨테이너를 운송하고 수입항에서 하역 후 즉시 CFS로 입고되어 화주별로 장치된다. 컨테이너운송은 수출국에서 수출상의 문전(door)에서 시작되고 수입항의 부두(pier)에서 종료된다. 이 경우 수출상은 동일한 목적지에 있는 다수의 수입상에게 화물을 별도로 포장하여 FCL컨테이너로 운송하고 수입지에서 LCL화물로 각각의 수입상에게 인도하게 된다.

CY to CY(door to door/FCL to FCL)는 1명의 수출상이 화물을 door를 통해 CY로 인도하고 선적 후 운송되어 수입국에서 1명의 수입상에게 문전까지 화물을 인도하는 것이다. 컨테이너운송은 수출상의 문전(door)에서 시작되어 수입상의 문전(door)에서 종료된다. 이는 CFS/CFS와 함께 가장 많이 이용되는 컨테이너운송의 형태이다.

10.3.4 컨테이너 터미널

컨테이너 터미널의 구조는 다음과 같다.

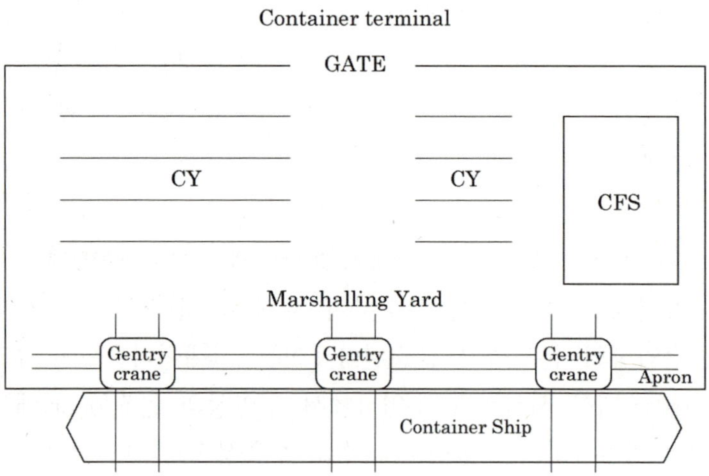

[그림 10-2 컨테이너 터미널의 구조]

[그림 10-2]는 컨테이너 터미널의 구조를 나타낸다. 컨테이너 트레일러가 입구를 통해 도착하면 FCL화물은 CY에 장치되고 LCL화물은 CFS에 장치된다. 마샬링야드는 선박이 하역하는 컨테이너나 선적할 컨테이너를 잠시 보관하는 장소이다. 에이프런은 선석의 앞부분으로 겐트리크레인이 설치된 장소이다. 겐트리크레인은 선박에서 컨테이너를 싣고 내리는 전용 크레인이다. CY에서 트랜스스테이너는 야드트랙터로부터 컨테이너를 CY에 싣고 내리는 작업을 한다. 스트래들 캐리어는 터미널에서 컨테이너를 내부에 적재하여 운반하는 용구이다. 선석(berth)은 선박이 접안할 수 있는 곳을 나타낸다. 컨테이너야드는 FCL컨테이너를 보관하는 장소이고 컨테이너작업장은 LCL화물을 보관하고 작업하는 창고이다. 일반적으로 CFS의 위

에는 컨트럴타워와 야드플래너, 사무원 등이 근무하는 사무실이 위치해 있다.

10.3.5 글로벌 복합운송의 경로

글로벌 복합운송경로는 다양하게 개발되어 있다. 이는 화주의 요구에 따라 운송인이 복합운송경로를 개발할 수 있다. 현재 개발된 복합운송경로는 다음과 같다. 아메리카 랜드브릿지는 극동의 한국, 중국 또는 일본의 항구를 출항해서 미국의 동부에 위치한 LA항이나 롱비치항으로 해상운송을 이행하고 미국의 동안까지 철도운송이나 트럭운송을 이행하고 뉴욕이나 뉴저지항에서 해상운송을 통해 유럽의 리버풀항, 함브르크항, 로테르담항 등의 항만으로 운송하여 유럽 전역을 철도운송이나 트럭운송으로 이동하는 경로이다. 미니 랜드브릿지는 극동을 출발하여 미국 서안의 항구에서 철도 또는 트럭운송으로 미국의 플로리다 지역으로 운송되는 경로이다. 마이크로 랜드브릿지는 극동을 출발하여 미국 서안의 항구에서 미국 전역으로 운송하는 경로이다(inter point intermodal: IPI). 캐나다 랜드브릿지는 극동을 출발하여 캐나다의 벤쿠버항으로 운송하여 철도운송 또는 트럭운송으로 몬트리올의 세인트존항까지 운송하고 다시 해상운송으로 함브르크항까지 운송하여 유럽 전역으로 철도운송 또는 트럭운송으로 이동하는 경로이다. 시베리아 랜드브릿지는 한국의 부산항이나 일본의 도쿄항을 출발하여 블라디보스톡항에서 시베리아횡단철도로 환적하여 러시아의 상테페테르브르크까지 운송하거나 모스크바를 거쳐 유럽 전역으로 철도운송 또는 트럭운송을 이행하는 경로이다. 시베리아 횡단철도는 남방항로를 통해 유럽으로 해상운송하는 경로에 비해 시간은 작게 소요되고 비용은 절감할 수 있는 운송방식이다. 중국횡단철도는 인천항을 출발하여 닝보항을 통해 중국의 철도운송으로 시베리아횡단철도로 연결되어 유럽으로 운송하는 경로이다. 이러한 복합운송경로는 화주의 요구와 화물의 수요에 따라 개발이 가능하다.

10.3.6 항만물류에 적용된 4차산업혁명기술

4차 산업혁명은 디지털 기술을 다양한 분야에 통합하여 더욱 효율적으로 연결된 시스템을 만들어내는 것으로 정의된다. 항만물류분야에서는 전통적인 운영방식을 혁신하는 데 중요한 역할을 하는 다음과 같은 기술들이 있다.

사물인터넷(Internet of Things: IoT)은 센서, RFID 태그, GPS 추적기 등의 IoT 장치를 사용하여 화물, 장비 및 차량을 실시간으로 모니터링하고 추적한다. 이러한 장치들은 화물의 위치, 상태(온도, 습도 등) 및 현황에 대한 데이터를 제공하여 더 나은 의사결정과 운영의 효율성을 높인다.

빅데이터분석 플랫폼은 IoT 장치, 운송기록, 날씨 및 기타 자료에서 생성된 대량의 데이터를 처리하는 데 사용된다. 기계학습 및 예측모델링과 같은 고급 분석기술은 항만 운영을 최적화하고 수요를 예측하며 재고를 관리하며 전체 공급사슬의 투명성을 향상시킨다.

자동화 및 로봇 기술은 자동운송차량(automated ground vehicle: AGV), 로봇 팔 및 자동화된 크레인 등 항만에서 화물의 취급, 컨테이너 적재 및 터미널 내 이동과 같은 작업에 사용된다. 로봇시스템은 효율성을 향상시키고 노동비용을 줄이며 위험하고 반복적인 작업에서 인간의 개입을 최소화하여 안전성을 향상시킨다.

블록체인기술은 항만물류에서 거래, 계약 및 문서관리를 안전하고 투명하게 처리하는 데 사용된다. 블록체인은 불변의 기록과 저장을 가능하게 하며 공급사슬의 투명성을 향상시키고 사기를 줄이며 통관 및 청구서작성과 같은 프로세스를 최적화한다.

인공지능(artificial intelligence: AI)기술은 항만장비에 대한 예측을 통한 유지보수, 선박의 경로최적화 및 운영일정에 대한 인공지능을 활용한 조정에 활용된다. 자연어처리(natural language processing: NLP)기술은 챗봇 및 가상의 어시스턴트에서 사용되어 고객서비스를 개선하고 이해관계자들에게 실시간 정보를 제공한다. 가상물리시스템(cyber physics system: CPS)은 물리적 프로세스를 디지털 기술과 통합하여 항만물류에서 상호 연결된 시스템을 구축한다. 예를 들면 IoT 센서가 장착된 스마트 컨테이너, AI 알고리즘으로 제어되는 자동화 크레인, 유지보수를 위해 항만 인프라의 실시간 모니터링 등이 있다.

디지털 트윈은 항만의 터미널이나 컨테이너 야드와 같은 물리적 자산 또는 시스템의 가상 표현이다. 이를 통해 항만운영을 시뮬레이션하고 최적화하며 시나리오를 테스트하고 데이터를 활용하여 의사결정을 개선할 수 있다. 이러한 기술들을 활용하여 항만은 효율성, 민첩성 및 지속가능성을 향상시킬 수 있으며 글로벌 무역 및 물류의 증가하는 수요를 충족시킬 수 있다. 그러나 성공적인 구현을 위해서는 이해관계자 간의 협력, 인프라에 대한 투자 및 디지털 전환에 따른 잠재적인 위험에 대응하기 위한 사이버 보안에 초점을 맞추어야 한다.

10.4 • 철도운송과 트럭운송

10.4.1 서론

육상운송은 철도운송과 트럭운송으로 분류할 수 있다. 한국은 철도운송과 트럭운송을 통해 국제운송을 할 수 없어 이를 복합운송 중 하나의 운송방식으로 설명하고자 한다.

10.4.2 트럭운송

트럭운송은 국제운송에서 중요한 역할을 한다. 특히 기업은 물류 및 공급사슬의 활동에서 트럭운송을 다양하게 활용하고 있다. 국제물류에서 트럭운송의 중요성은 다음과 같다. 트럭운송은 다른 운송방식에 의해 운송이 완료되지 못하고 화물을 화주에게 최종적으로 배송하기 위해 사용되며 항구, 공항, 철도 터미널, 창고, 유통센터 또는 소매점과 같은 최종 목적지를 연결한다. 이들은 다양한 운송수단 사이의 격차를 줄이고 화물이 화주에게 인도되도록 보장한다. 트럭운송은 다양한 위치, 특히 다른 운송수단이 직접적으로 접근할 수 없는 지역 또는 특정 배송요구사항을 충족하는 장소로의 접근성과 유연성을 제공한다. 트럭운송은 효율적이고 정확한 시간에 운송할 수 있다. 특히 트럭운송은 시간에 민감한 화물의 운송에 적합하다. 트럭운송은 유연성이 뛰어나고 배차를 유연하게 할 수 있어 다른 운송방식(해상 또는 철도운송)보다 짧은 운송시간을 통해 운송의 신뢰성이 높다. 트럭운송은 세관통관 및 문서작업을 원활하게 진행하도록 도와준다. 또한 국경을 넘어 운송하는 데 필요한 화물수탁증, 송장 및 검사와 같은 문서를 운전자가 직접 처리할 수 있다. 트럭운송은 복합운송의 일부로 활용된다. 이는 철도나 해상운송과 같은 다른 운송수단과 결합하여 사용된다. 예를 들면 주운송은 해상운송이나 철도운송으로 화물을 운송하고 운송의 완결은 트럭운송을 통해 내륙의 목적지로 최종적으로 배송을 하게 된다.

이러한 트럭운송의 장점에도 불구하고 국제물류에서 트럭운송은 국경통과의 지연, 교통체증, 각종 규제, 연료비용 및 환경에 대한 악영향과 같은 문제점에 직면해 있다. 효율적인 운송계획, 화물추적 및 운송경로의 최적화를 위한 신기술의 사용, 무역규정의 준수는 이러한 도전을 극복하는 데 중요한 역할을 한다. 기술의 발전은 국제물류에서 트럭운송의 변화에 대한 큰 축이다. IoT, GPS 추적시스템, 텔레매틱스, 노선최적화 소프트웨어 등이 실시간으로 트럭을 모니터링하고, 차량관리를 개선하고, 운전자의 안전을 높이고, 효율적인 배송노선을 최적화하는 데 사용된다. 따라서 트럭운송은 국제물류에서 라스트마일 연결성, 유연성, 효율성 및 다양한 시장에 대한 접근성을 제공하는데 있어 중요한 역할을 한다. 기술통합과 효율적인 물류관리는 트럭운송을 최적화하고 국제적인 화물의 이동을 원활하게 하는 데 필수적이다.

10.4.3 철도운송

철도운송은 효율적인 상품의 국가 간의 이동을 가능하게 하고 특히 유럽 각국 간 화물의 이동에 주로 사용되고 있다. 또한 시베리아 횡단철도는 동북아시아로부터 유럽까지 화물의 이동을 가능하게 한다. 철도운송에 대한 설명은 다음과 같다. 철도운송은 원료, 광물 및 물품과 같은 대량의 화물을 장거리로 운송하는 데 적합하다. 이는 대량수송을 가능하게 하고 저렴한 비용으로 효율적인 이동을 가능하게 한다. 철도운송은 트럭, 선박 및 비행기와 같은 다른 운송수단과 함께 복합운송을 가능하게 한다. 이들은 공급사슬의 중요한 연결고리로서 물품의 제조국, 항구, 물류센터 및 내륙 물류기지 간의 화물운송을 가능하게 한다. 현재 화물열차는 빠른 속도로 운송하고 전용철도망에서 운행하여 화물을 적시에 효율적으로 운송한다.

철도운송은 중거리에서 장거리까지의 운송에서 트럭운송과 비교해서 경쟁력이 있다. 철도운송은 트럭운송에 비해 톤당 운송거리를 기초로 온실가스를 적게 배출하면서 연료의 효율성은 높다. 철도운송은 물류활동에서 탄소발자국을 줄이는 데 기여하여 친환경적인 지속가능한 운송수단으로 인정받고 있다. 철도운송은 국간 간의 철도운송을 통해 다른 나라의 철도망을 연결함으로써 국경을 넘는 운송을 용이하게 한다. 이는 운송 중인 화물에 대한 세관의 통관절차 및 국경통과를 간소화하여 무역의 흐름을 원활하게 한다. 성공적인 국가 간 철도운송을 위해 각국은 철도인프라에 대한 상당한 투자가 필요하다. 이는 철도의 선로, 터미널, 신호시스템 및 시설의 유지보수 등이 포함된다. 정부와 민간 이해관계자 간의 협력은 효율적인 국가 간 철도운송을 위한 철도망의 개발과 개선에 기여한다. 철도운송은 많은 장점을 제공하지만 인프라의 불균형, 국가 간의 철도 폭의 불일치, 국경통과의 지연, 각종 규제의 차이 등의 도전에 직면해 있다. 이러한 도전을 극복하고 국경을 넘는 철도의 연결성을 강화하기 위해 국가 간의 조정, 표준화 및 현대화에 대한 노력이 필요하다. 결론적으로 국제물류에서 철도운송은 국경을 넘어 화물을 효율적이고 지속가능하며 신뢰할 수 있는 방법으로 운송하는 중요한 운송수단이다. 철도운송을 활용한 국제복합운송, 철도운송의 인프라 개발 및 국가 간 규제에 대한 협력은 국제철도운송을 최적화하고 원활한 무역 및 물류활동을 촉진하게 한다.

10.5 • 항공운송

10.5.1 항공운송 일반

항공운송이란 비행기를 이용하여 승객, 화물 및 우편을 이동시키는 것을 말한다. 이는 장거리 이동에 가장 빠르고 효율적인 운송방식 중 하나이다. 항공운송은 글로벌 연결성에서 중요한 역할을 하며 사람들과 화물이 다양한 지역과 국가 사이를 신속하게 이동할 수 있도록 한다. 항공운송에서 여객의 운송은 관광학의 연구영역이고 화물의 운송은 무역학의 연구영역이다. 따라서 본 교재는 무역학의 연구영역인 화물운송에 대해 알아보고자 한다.

항공운송의 핵심요소는 다음과 같다. 항공운송은 비행기, 헬리콥터 및 드론과 같은 다양한 종류의 항공기에 의존한다. 이러한 항공기는 하늘을 통해 화물을 운송할 수 있도록 설계되고 장비를 갖추고 있다. 항공운송은 완제품, 중간재, 장비 등과 같은 화물을 운송하는 데 중요한 역할을 한다. 특히 신속한 운송을 필요로 하거나 가치가 높은 물품의 신속하고 안전한 운송이 필요한 경우 항공운송이 다른 운송방식에 비해 유리하다. 항공운송은 세계 각지를 연결하여 대륙과 대륙 간에 신속한 이동을 가능하게 한다. 이러한 연결성은 무역, 관광 및 문화 교류를 전 세계적인 규모로 지원한다. 항공운송은 장거리 무역에 대해 다른 운송방식에 비해 단시간에 이동할 수 있는 빠르고 효율적인 운송방식이다.

항공운송은 공항, 항공교통관제시스템, 터미널, 활주로, 화물창고 및 유지보수센터와 같은 지원시설이 필요하다. 이러한 인프라는 항공운송서비스의 안전하고 효율적인 운영을 위해 중요하다. 비행의 복잡성과 내재적인 위험으로 인해 항공운송은 엄격한 안전규정과 표준에 따라 운영된다. 이러한 규정은 항공기의 설계, 유지보수, 조종사에 대한 교육, 항공교통관리 및 전반적인 운영안전을 포함한다. 항공운송은 속도와 글로벌 연결성을 제공하면서도 탄소배출 및 소음과 같은 환경에 대한 부정적인 영향이 있다. 항공산업은 더 효율적인 연료를 사용하는 항공기의 개발, 지속가능한 관행의 도입 및 항공운송의 환경적 영향을 줄이기 위한 노력이 계속되고 있다. 따라서 항공운송은 글로벌 운송시스템에서 중요한 역할을 하며 화물에 대한 신속하고 신뢰할 수 있는 이동을 제공한다.

10.5.2 항공운송의 운임

항공화물운임은 항공운송업체를 통해 화물을 운송하는 것과 관련된 운임을 의미한다. 항공화물운임은 다음과 같은 여러 요인에 영향을 받는다. 첫째는 화물의 무게와 부피이다. 항공화물운임은 운송되는 상품의 무게 또는 부피에 따라 결정된다. 항공사는 실제 무게 또는 부피(둘 중 높은 쪽)를 고려하여 화물운임을 계산한다. 둘째는 화물의 종류이다. 위험물이나 상하기 쉬운 화물은 특수한 처리와 포장이 필요하고 이로 인해 추가 요금이 발생할 수 있다. 셋째는 운송되는 거리와 노선이다. 항로의 거리는 화물운임을 결정하는 데 중요한 역할을 한다. 만일 화물이 장거리 운송을 할 경우 연료의 소비와 운영비용이 증가하여 화주는 더 높은 운임을 지불해야 한다. 넷째는 화물의 긴급성과 속도이다. 항공운송은 빠른 속도로 인해 시간에 민감한 화물의 운송에 적합하다. 긴급한 운송이 필요한 화물은 일반적인 운송에 비해 더 높은 요금이 부과될 수 있다. 다섯째는 화물의 계절적 수요이다. 화물운임은 계절적 수요변동에 영향을 받는다. 휴일이나 특별 이벤트와 같은 성수기 배송기간에는 항공화물의 수요가 증가하여 운임이 상승할 수 있다. 여섯째는 항공기의 유형과 용량이다. 항공기는 다양한 화물의 적재용량과 기능을 보유하고 있다. 대형 화물기는 더 많은 화물을 운송할 수 있지만, 운영비용이 더 높아 이러한 요인이 화물운송의 운임에 반영된다. 일곱째는 각종 규제에 대한 비용이다. 국제운송은 화물에 대한 검사 및 공인된 증명서의 제공과 같은 각종 규제와 관련한 비용이 발생할 수 있다. 이러한 추가적인 비용은 총 화물운임에 포함될 수 있다. 여덟째는 화물과 관련한 보험 및 보안이다. 화물과 관련한 보험이나 향상된 보안조치는 운임을 증가시키는 요인이 된다. 아홉째는 화물운송을 이행하는 항공사와 그들의 서비스 수준이다. 항공사와 화물운송업체는 다양한 서비스 수준과 운임구조를 제공한다. 신뢰성, 이송시간, 처리절차와 같은 요소는 화물운송에 대한 운임에 영향을 미친다. 열째는 항공화물시장의 경쟁정도이다. 항공화물운송업체 간의 경쟁수준은 운임에 영향을 미친다. 경쟁이 치열한 시장은 운임이 내려가고 독점에 의한 항공운송시장은 운임이 높아진다. 따라서 화주 및 물류서비스의 제공업체는 화물운송을 계획할 때 이러한 요소들을 고려하여 비용을 최적화하고 화물의 효율적인 운송방안을 마련해야 한다.

실질적인 항공사의 화물운임은 다음과 같다. 일반운임요율(general cargo rate)은 대부분의 화물에 적용되며 중량별로 운임을 분류한다. 기본요율은 45kg 미만의 화물에 대해서 적용하는 요율이다. 중량단계별 할인요율은 중량이 증가할수록 kg당 요율이 낮아진다. 특정화물운임률(specific commodity rate)은 대량의 화물에 대해 운송구간과 중량을 기준으로 할인된 운임율을 적용하는 것이다. 이는 최저의 중량을 표시하고 있고 대량의 상품을 운송하기 위한 운임율이다. 품목별 분류운임율(commodity classification rate)은 정기간행물, 카탈로그 등에 대해 할인운임율을 적용하고 보석류는 할증운임율을 적용하는 것을 나타낸다. 항공화물의 운임율은 특정화물운임율, 품목별 운임율 및 일반운임율 순으로 적용된다. 단위탑재용기운임(bulk unitization charges)은 팔레트나 단위탑재용기(unit load device)단위로 운임을 징수하는 것이다.

10.5.3 항공화물운송인

항공화물운송인은 항공사를 제외하고 대리점과 항공운송주선인으로 분류할 수 있다. 항공사는 항공기를 운항하고 관리하는 역할을 하고 실제 항공운송을 이행하는 자로 화물영업은 하지 않는다. 그러나 특별화물에 대한 운송은 직접 화주와 운송계약을 체결한다. 항공화물운송대리점은 항공사를 대리하여 화주의 항공화물에 대한 운송계약을 체결하고 그에 부대되는 서비스를 제공한다. 항공화물운송대리점은 항공사의 요율을 적용하고 항공사의 항공화물운송장(air waybill)을 발행한다. 이러한 항공화물에 대한 영업활동에 대한 보상으로 항공화물운송대리점은 항공사로부터 수수료를 받게 된다. 또한 이들은 항공화물운송과 관련한 부대 서비스를 화주에게 제공한다. 이와는 달리 항공운송주선인은 화주로부터 화물을 집하하여 항공화물운송대리점과 운송계약을 체결하고 항공운송과 관련한 부대 서비스를 화주에게 제공한다. 이들은 자신의 항공운송요율을 가지고 있고 자신의 항공화물운송장(House air waybill)을 화주에게 발행한다. 이들의 수익은 화주로부터 받은 항공화물운임에서 항공화물운송대리점에 지급하는 운임을 제외한 것이다. 이들은 항공화물운송대리점과 전략적 제휴를 통해 화주보다 낮은 요율로 운송계약을 체결한다.

이러한 측면에서 이들은 운임의 차액을 수익으로 누리고 또한 항공운송과 관련한 부대 서비스로서 내륙운송, 통관, 검사, 보관, 포장 등의 서비스를 제공하고 수수료를 수익으로 획득하게 된다.

10.5.4 항공화물의 수출입 절차

항공화물의 수출입절차는 다음과 같다. 첫째, 수출상품의 준비 및 관련 서류의 작성이다. 수출상은 물품의 종류, 수량, 무게 및 가치를 확인해야 하고 특정 물품과 수입국에 따라 특정한 허가가 필요할 수 있어 이를 준비해야 한다. 상업송장, 포장명세서, 원산지증명서 기타 필요한 문서를 작성 및 획득해야 한다. 둘째, 수출상은 운송인과 항공운송계약을 체결해야 한다. 항공화물운송은 항공화물운송대리점이나 항공운송주선인과 운송계약을 체결하여 이행된다. 수출상은 화물을 항공운송규정에 따라 적절하게 포장하여 수출공항으로 운송해야 한다. 셋째, 수출상은 관세사를 통해 수출통관절차를 완료하고 수출신고필증을 확보해야 한다. 수출상은 관세사에 상업송장과 포장명세서를 넘겨주면 관세사는 세관에 uni-pass를 통해 수출통관절차를 이행한다. 수출통관이 완료되면 수출신고필증이 발급된다. 넷째, 보안검사 및 항공운송을 위한 포장을 진행한다. 항공화물은 항공보안을 준수하고 금지물품을 감지하기 위해 보안검사를 받는다. 물품은 항공운송규정과 수입상의 요구사항에 따라 적절하게 포장되고 화인을 표시하게 된다. 수출상은 화물을 출발 공항의 지정된 화물터미널로 운송한다. 다섯째, 공항에서 화물은 중량이 측정되고 항공기에 선적되어 운송을 시작한다. 화물이 선적된 이후 운송인은 화주에게 항공화물운송장을 발급한다. 여섯째, 화물은 수입지의 공항으로 운송된다. 일곱째, 수입지 공항에 도착한 화물은 공항 내 보세창고로 이동한다. 여덟째, 수입상은 운송인으로부터 화물도착통지를 받고 관세사를 통해 수입통관을 진행한다. 아홉째, 세관은 수입화물에 대한 통관을 실시하고 검사화물인 경우 검사를 실시하고 그렇지 않은 경우 수입상은 관세 및 제세를 납부하고 수입통관필증이 발급된다.

열째, 수입상은 항공화물운송대리점이나 항공운송주선인에게 각종 제비용을 지불하고 인도지시서를 발급받아 수입통관필증 사본과 함께 공항의 보세창고에 제출하고 화물을 수령하고 자신의 창고로 운송하게 된다. 항공화물의 수출입절차는 적절한 포장 및 라벨링, 정확한 문서작성, 세관의 통관절차, 항공사, 운송인 및 수입상과의 협력이 필요하다. 이러한 수출입절차는 일반적인 절차를 나타낸다. 특정 상황이나 물품의 유형에 따라 추가적인 절차나 요구사항이 있을 수 있다.

CHAPTER

11

무역보험

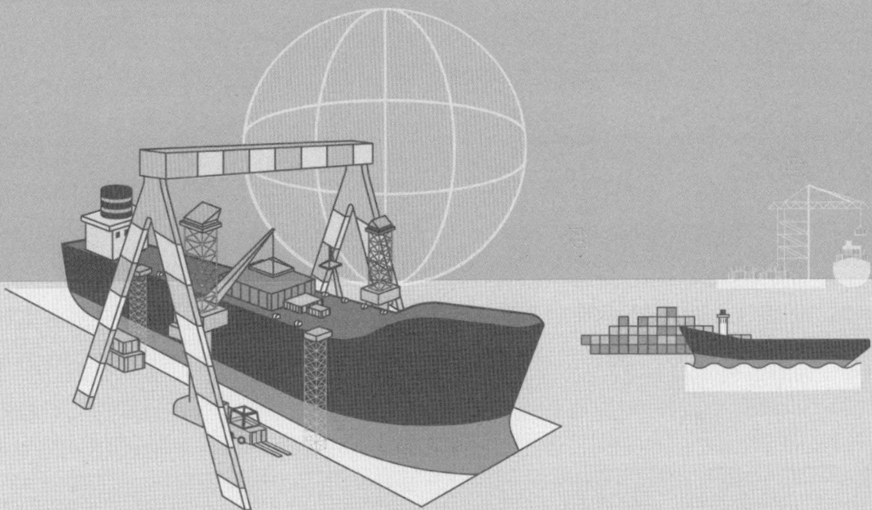

Chapter

11 | 무역보험

11.1 • 서론

본 장은 무역과 관련한 보험으로서 해상보험과 수출보험에 대해 설명하고자 한다.

11.2 • 해상보험

해상보험은 해상사업에서 발생가능한 손해를 보험자가 보상하는 것으로 보험자는 해상보험을 통해 현실적인 손해에 대한 보상을 약속하고 피보험자는 이득금지의 원칙에 따라 해상보험에 따른 보상을 통해 이득을 얻어서는 안된다.

보험의 목적물은 운송 중 화물의 멸실 또는 손상에 대한 보상을 하는 화물보험, 선박에 대한 멸실 또는 손상을 보상하는 선박보험, 선박의 충돌이 발생할 경우 보상하는 충돌배상보험 등이 있다.

해상보험은 보험자와 보험계약자 간의 청약과 승낙에 의한 낙성계약, 보험계약의 성립을 위한 당사자 간의 합의에 의한 불요식계약, 보험계약자의 보험료 납부에 대한 보험자의 위험의 인수에 대한 쌍무계약, 보험자의 약관에 보험계약자가 동의하여 계약을 체결하는 부합계약, 우연한 사고의 발생을 보험자가 보상하는 사행계약 및 보험계약자와 피보험자가 선의로 보험계약을 체결해야 한다는 선의계약의 성격을 가지고 있다.

예정보험계약은 보험계약의 체결시 계약내용 중 선박명, 보험금액 등이 정해지지 않고 보험계약이 체결될 경우를 의미한다. 이는 개별예정보험과 포괄예정보험으로 분류할 수 있다. 개별예정보험은 각각의 계약에 대해 보험계약내용의 일부가 정해지지 않은 상태에서 보험계약을 체결하는 것을 의미하고 포괄예정보험은 보험계약내용이 정해진 상태에서 미래의 거래에 대해 포괄적으로 보험계약을 체결하는 것을 의미한다.

11.3 • 해상보험 일반

11.3.1 고지의무와 담보

고지의무는 보험자가 보험의 목적물에 대한 위험을 인수하기 위해 위험의 측정시 보험의 목적물에 대해 알아야 하는 사항에 대해 최대선의의 원칙에 따라 보험계약자나 피보험자가 이를 보험자에게 알리는 것을 의미한다. 이와는 달리 담보(warranty)는 보험계약자나 피보험자의 고지에도 불구하고 보험자는 이들의 불고지나 부실고지에 대한 예방책으로 보험자가 담보하는 사항을 보험증권 상에 기재하는 것을 의미한다. 이는 명시담보와 묵시담보로 분류된다.

명시담보는 보험증권 상에 기재되어 있는 담보와 관련된 사항이다. 중립담보는 보험의 목적물이 보험이 지속되는 기간 중 중립적인 성질을 가진다는 것을 의미한다. 이는 전쟁이 발발하게 되면 적대행위로 인한 보험목적물의 멸실을 방지하기 위한 것이다. 안전담보는 보험의 목적물이 보험의 개시시점 이전에 발생한 손해에 대해 면책되기 위해 보험의 개시일에 물리적으로 안전한 상태라는 것을 담보하는 것을 의미한다.

묵시담보는 해상보험에서 필수적인 내용에 대해 보험증권에 기재되지 않아도 보험계약자나 피보험자가 지켜야 하는 내용으로 보험계약의 체결로 효력이 발생하는 담보이다. 감항능력담보는 선박이 정해진 항구 간의 항해를 할 수 있는 능력을 구비할 것을 의미하는 담보로 이는 선박이 동 항해를 견딜 정도로 견고해야 하고, 선용품, 연료 등을 항해에 사용할 수 있을 정도로 구비되어야 하고, 동 항해를 할 수 있는 선장과 선원이 승선해야 하고, 과적하지 않아야 하는 등의 내용을 포함한다. 적법담보는 보험의 목적물이 합법적인 것을 의미한다. 담보위반의 경우 보험자는 면책 또는 보험계약의 취소가 가능하다. 적법담보의 위반시 보험계약은 원칙적으로 무효가 된다.

11.3.2 보험자의 의무와 보험계약자 및 피보험자의 의무

보험자의 해상보험에서 기본적인 의무는 피보험이익에 대해 발생하는 손해에 대하여 보상을 약정하고 보험사고의 발생시 피보험자에게 보험금을 지급해야 한다. 또한 보험자는 보험계약자에 의해 보험료가 지급되면 보험증권을 보험계약자 또는 피보험자에게 교부해야 한다.

보험계약자는 보험료의 지급의무가 있다. 보험자와 보험계약자 간의 보험계약의 체결에 따라 보험계약자는 보험자가 위험을 인수하는 대가로서 보험료를 지급해야 한다. 달리 말하면 최초의 보험료가 지급되지 않았다면 보험은 개시하지 않는다. 보험계약자와 피보험자는 보험계약이 개시된 이후 위험이 크게 변경되거나 증가된 경우 동 사실을 보험자에게 통지해야 한다. 통지의무의 위반시 보험자는 보험계약의 해지 또는 존속을 선택할 수 있다.

보험계약자(또는 피보험자)는 보험사고의 발생시 손해를 방지하거나 경감시키기 위해 노력을 해야 한다. 손해의 방지 및 경감의 의무는 실질적인 손해를 방지 및 경감을 하기 위해 상당한 노력을 하면 된다. 보험계약자나 피보험자가 손해방지 및 경감의 의무를 위반한 경우 보험자는 보험사고의 발생시 동 위반에 따른 손해액을 제하고 손해배상액을 지급하게 된다. 또한 보험자는 손해방지 및 경감을 위해 보험계약자 또는 피보험자가 지출한 비용에 대해서는 보험금을 초과한 금액에 대해서도 지급해야 한다.

11.3.3 피보험이익

피보험이익은 보험의 목적물에 대해 사고의 발생시 피보험자가 가지는 경제적인 이해관계를 의미한다. 피보험이익은 반드시 경제적인 가치로 평가되어야 한다. 달리 말하면 피보험이익은 금액으로 환산될 수 있어야 한다. 따라서 피보험이익은 보험계약의 체결시점에 확정되어야 한다. 예를 들면 적화보험에서 피보험이익은 상업송장에 나타난 물품의 가격이 된다.

해상보험에서 피보험이익은 선박 또는 적화에 대한 소유이익, 선박 또는 적화에 대한 담보이익 및 선박 또는 적화에 대한 수익이익이다. 선박은 선박의 소유자로서 선주에 소유이익이 있고 적화는 화주에게 소유이익이 있다. 따라서 선박과 적화는 피보험이익이 될 수 있다. 선박 또는 적화에 대한 담보이익은 이들이 담보로 제공되어 채권자가 가지는 피보험이익을 의미한다. 또한 운임수익에 대한 피보험이익은 부보가 가능하다. 운임수익은 선주가 피보험이익을 갖게 된다. 그러나 용선의 경우 용선자가 운임수익을 위해 용선하여 선박을 운항한 경우 피보험이익이 용선자에게 있다.

11.3.4 해상보험증권의 해석기준

보험증권의 해석기준은 다음과 같다. 첫째는 수기문언에 대한 우선의 원칙이다. 보험증권은 인쇄된 여러 가지의 약관을 포함하고 있다. 그러나 보험자와 보험계약자(또는 피보험자) 간에 합의에 의해 수기로 작성된 문언이 있고 동 내용이 인쇄된 문언과 충돌할 때 수기 문언이 우선적으로 적용된다. 둘째는 계약당사자의 의사와 판례적용이 원칙이다. 이는 보험증권이 보험자와 보험계약자 간의 의사에 따라 해석되어야 하지만 판례가 있는 경우 보험증권의 해석은 동 판례에 의해 제한을 받는다. 셋째는 보험증권은 분명하고 보편적이고 타당하게 해석되어야 한다. 넷째는 동일한 종류에 대한 원칙이다. 보험증권이 약관과 관련하여 전반적인 사항을 제시하고 기타 일체의 사항이라고 제시했다면 이는 동일한 종류의 사항에 대해 누락된 것을 의미한다. 다섯째는 작성자 불이익의 원칙이다. 보험증권은 그 내용의 해석에 있어 약관이나 문장이 불분명한 경우 작성자인 보험자에게 불리하게 해석해야 한다는 원칙이다. 이는 보험계약에서 약자인 보험계약자나 피보험자를 보호하기 위한 것이다.

11.3.5 보험가액과 보험금액

보험가액은 피보험이익에 대한 경제적 가치를 금전적으로 나타낸 것을 의미한다. 보험가액은 보험자가 보상할 수 있는 최대한도의 금액을 나타낸다. 보험금액은 보험자와 보험계약자가 보험계약을 체결한 금액으로 보험사고의 발생시 보험자가 피보험자에게 지급해야 하는 최대의 금전에 해당한다. 보험금액은 보험자가 보험료를 계산할 때 적용하는 기준이다. 보험가액과 보험금액 간의 관계는 다음과 같다. 전부보험은 보험가액과 보험금액이 동일한 경우이다. 일부보험은 보험가액보다 보험금액이 적은 경우이다. 초과보험은 보험가액보다 보험금액이 큰 경우이다. 이 경우 보험계약자가 알고 보험에 가입한 경우는 보험계약이 무효가 되고 모르고 보험에 계약한 경우 초과부분만 무효가 된다. 중복보험은 피보험이익에 대해 다수의 보험에 가입되었고 보험금액이 보험가액을 초과하는 경우를 말한다. 중복보험이 보험계약자의 사기로 인해 가입되었다면 이는 무효가 되고 불인지에 의한 계약의 경우 보험은 유효하다. 이 경우 피보험자가 보상을 받는 방법은 우선책임주의, 비례보상주의 및 연대책임주의에 따라 보험자로부터 보상을 받을 수 있다. 우선책임주의는 보험계약의 체결순서에 따라 보상한다. 비례보상주의는 손해에 대한 보상을 각 보험자가 인수한 보험금액에 비례하여 보상하는 방식이다. 연대책임주의는 초과보험의 모든 보험자가 연대책임을 지고 손해배상액의 범위 내에서만 보상하는 것이다. 이 경우 한 보험자가 보험금을 지급할 수 없다면 다른 보험자들이 연대하여 책임을 져야 한다. 해상적화보험증권에 기재해야 하는 사항은 피보험자의 성명, 선적항과 도착항, 선박명, 출항예정일, 보험금액, 보험목적물 등이다.

11.4 • 담보위험

11.4.1 해상위험

보험자는 해상사업과 관련한 사고에 의해 발생하는 손해를 보상해야 한다. 해상위험은 해상사업과 관련한 사고를 의미하고 이를 보험자는 보상해야 한다. 해상위험의 부담방식은 포괄책임주의와 열거책임주의가 있다. 포괄책임주의는 보험자가 면책위험을 제외한 모든 해상위험을 부담하는 것을 의미한다. 열거책임주의는 보험자가 보험증권에 열거된 해상위험만을 부담하는 방식이다. 따라서 열거책임주의 하에서 보험계약자나 피보험자는 열거되지 않은 위험으로부터 보호를 받고자 한다면 특약에 가입해야만 보험자에 의해 보호를 받을 수 있다.

해상위험은 담보위험, 면책위험 및 비담보위험으로 분류된다. 담보위험은 보험자가 면책위험을 제외한 어떠한 원인에 의해 보험사고가 발생하더라도 보상을 해야 하는 것이다. 담보위험은 ICC(A), ICC(B) 및 ICC(C) 순으로 담보의 범위가 작아진다. 또한 구약관의 경우 A/R, WA 및 FPA의 순으로 담보의 범위가 작아진다. 면책위험은 보험자가 보상에서 면책되는 내용을 나타낸다. 면책위험은 포괄책임주의인 ICC(A)와 A/R에서 나타나고 열거책임주의인 ICC(B), ICC(C), WA 및 FPA에서는 담보책임만 열거되고 열거되지 않은 원인에 의해 사고가 발생했을 경우 보상하지 않기 때문에 면책위험이 보험증권 상에 나타나지 않는다.

영국해상보험법(1906) 상의 해상위험은 해상고유의 위험, 화재, 전쟁위험, 해적 · 도둑 · 강도의 위험, 포획 · 나포의 위험, 억지 · 억류의 위험, 투하위험 및 선원의 악행이 있다. 구협회적화약관 상의 담보위험은 단독해손부담보조건(Free from particular average: FPA) 하에서 현실전손, 추정전손, 공동해손, 구조비 · 손해방지비 · 특별비용, 침몰 · 좌초 · 화재에 의한 단독해손, 선적 · 환적 · 하역 중 포장의 단위당 전손, 화재 · 폭발 · 충돌 · 접촉 · 피난항에서 하역으로 인한 단독손해를 담보하고 분손담보(With average: WA) 하에서 상기를 포함하고 그 외의 단독해손을 담보하고 전위험담보(All risk: A/R) 하에서 상기를 모두 포함하고 악천후에 의한 해수에 의한 손해 및 면책위험을 제외한 모든 외부적이고 우발적인 위험에 의한 손해를 담보한다. 구협회적화약관상 면책위험은 포획 · 나포 부담보조항(free from capture and seizure clause)과 동맹파업 · 폭동 · 소요 부담보조항이 있다. 구협회적화약관 상의 특별약관은 협회전쟁조항(Institute War Clause), 협회 동맹파업 · 폭동 · 소요 조항(Institute Strikes, Riot and Civil Commotions Clause) 및 협회 도난 및 비도착 조항(Institute Theft, Pilferage and Non-delivery Clause)이 있다.

신협회적화약관 상의 담보위험은 ICC(C) 하에서 화재 · 폭발, 본선이나 부선의 좌초 · 침몰 · 전복, 육상운송수단의 전복 · 탈선, 본선 · 부선 · 운송수단의 충돌 · 접촉, 피난항에서 하역시 멸실, 공동해손, 투하, 공동해손시 구조비, 쌍방과실충돌을 담보하고 ICC(B) 하에서 상기를 포함해 지진 · 화산의 분화 및 낙뢰, 본선 · 부선 · 선창 · 운송

용구·컨테이너·지게차·보관장소에 해수·담수·강물의 유입, 선적 또는 양륙작업시 갑판유실로 인한 포장·단위당 전손을 담보하고 ICC(A) 하에서 상기 모두를 포함하고 기타 멸실·손상의 위험을 담보한다. 신협회적화약관 상의 면책위험은 피보험자의 고의적인 불법행위, 통상의 누손·중량손·용적손·자연소모, 포장의 불완전이나 부적합, 피보험목적물의 고유의 하자 또는 성질, 지연이 담보위험에 의해 생긴 경우라도 해당 지연을 근인으로 하여 생긴 멸실·손상·비용, 핵무기, 선주·관리자·용선자·운항자의 파산 또는 재정상의 채무불이행, 피보험목적물 또는 그 일부에 대한 제3자에 의한 고의적인 손상·파괴가 있다.

위험과 손해 간의 인과관계는 보험자의 보상을 결정하는 요인이 된다. 해상보험에서 해상사고의 원인이 복수일 경우 보험자는 사고의 원인이 담보위험인지 여부를 결정해야 하고 담보위험이 원인일 경우에만 보험자는 보상을 한다. 인과관계의 유형은 손해발생의 원인이 하나인 경우 또는 손해발생이 복수의 원인에 의한 경우 시간적인 전후관계를 확인해야 한다. 이 경우 손해발생의 가장 가까운 원인(근인)이 담보위험일 경우 보험자는 보상을 해야 한다.

위험의 변경은 이로, 항해의 지연, 환적·갑판적, 항해의 변경 및 선박의 변경이 있다. 이로는 선박이 예정된 항로를 벗어나는 경우를 의미한다. 이 경우 보험자는 면책이 된다. 항해의 지연은 항해의 개시, 계속 및 종료의 지연을 모두 포함한다. 항해의 지연이 발생하면 이후 보험자는 면책된다. 환적을 허용하는 경우를 제외하고 화물의 운송 중 환적이 발생하면 이후 보험자는 면책된다. 또한 화물을 갑판에 적재하여 운송하는 경우 관습상 허용하는 경우를 제외하고 보험자는 면책된다. 항해의 변경은 출발항이나 목적항을 변경한 경우를 의미한다. 선박의 출발항이 변경되면 보험자의 책임이 개시되지 않고 도착항이 변경되면 이후 보험자는 면책된다. 선박의 변경은 고지의무의 위반이 되고 이후 보험자는 면책된다.

보험기간은 보험자가 손해에 대한 보상의 책임을 지는 기간을 의미한다. 한 항해에 대해 적화보험을 가입한 경우 보험기간은 화물의 선적을 시작한 시점이 개시시점이 되고 이미 선적한 이후에 보험에 부보한 경우는 보험계약이 체결된 시점을 보험기간의 개시시점으로 본다. 또한 화물이 양륙항에서 하역을 완료한 시점이 보험기간의 종료시점이 된다. 협회적화약관상의 보험의 개시는 화물이 운송을 위해 보관장소를 떠날 때 개시하고 목적지의 보관장소에 인도될 때 종료된다.

11.5 • 해상손해의 종류

해상손해는 전손, 분손, 비용손해 및 배상책임손해로 분류할 수 있다. 전손은 현실전손과 추정전손으로 나누어진다. 해상보험에서 현실전손(actual total loss)은 일반적으로 선박이나 화물과 같은 보험의 목적물이 완전히 파괴되거나 분실되어 회수나 수리가 불가능한 상태일 때를 의미한다. 현실전손이 발생한 경우 피보험자는 대위(subrogation)를 통해 보험금 전액을 수령할 수 있다. 대위는 현실전손의 경우 피보험자가 보유하고 있는 잔존물에 대한 가치나 제3자에 대한 청구권을 보험자에게 넘겨주는 행위이다. 이는 보험의 기본원칙인 이득금지의 원칙에 의해 이행된다.

추정전손은 전손이 아니지만 전손으로 볼 수 있는 경우로 보험사고에 의한 실질적인 전손을 입증할 수 없거나 전손이 확실하지 않을 경우에도 피보험자에게 전손으로 보상하는 것을 의미한다. 이는 선박이나 화물의 점유를 박탈당하여 회복의 가망이 없거나 회복하는데 드는 비용이 보험가액을 초과하는 경우, 선박의 수리비가 보험가액을 초과하는 경우, 화물의 수리비와 수리 후 목적지까지의 운송비가 보험가액을 초과하는 경우를 의미한다. 추정전손이 발생한 경우 피보험자는 보험자에게 위부(abandonment)를 통해 보험금을 수령하게 된다. 위부는 추정전손의 발생시 피보험자가 보험자에게 보험목적물에 대한 일체의 권리를 넘겨주고 보험금을 청구할 수 있다. 만일 추정전손시 잔존물이 없는 경우 피보험자는 보험자에게 위부를 통지할 필요가 없다.

분손은 단독해손과 공동해손으로 분류한다. 단독해손은 피보험자만이 부담하는 손해로서 피보험이익의 일부가 멸실 또는 손상된 경우 중 공동해손 이외의 손해를 의미한다. 화물의 단독해손은 화물의 품질이 저하되거나 수량이 감소된 상태를 의미한다.

공동해손은 항해단체를 구성하는 구성원의 공동의 안전을 위해 보험의 목적물이 희생된 경우를 의미한다. 이는 항해단체를 구성하는 당사자들이 공동해손이 된 보험목적물의 피보험자에게 상호 분담해서 원상회복을 시키는 것이다. 이는 항해 중 공동의 위험이 발생했을 때 위험을 없애거나 감소시키기 위해 선박, 장비, 화물 등을 의도적으로 희생시킬 경우 동 손해와 경비를 나타낸다. 공동해손은 위험이 항해단체 모두를 위협하여야 하고 위험이 현실적이어야 하고 의도적인 희생이어야 성립한다. 공동해손이 발생한 경우 공동해손에 대한 정산은 공동해손의 당사자를 포함한 모든 항해단체를 구성하는 당사자들이 균등하게 분담해야 한다.

비용손해는 구조비, 손해방지비용 및 특별비용으로 분류할 수 있다. 구조비는 선박이 해난사고를 당한 경우 주변을 지나는 선박은 이를 구조해야 한다. 이러한 구조를 이행한 당사자는 구조와 관련한 비용을 구조의 대상이 된 피보험이익의 보험자에게 구조비를 청구할 수 있다. 손해방지비용은 보험사고의 발생시 보험계약자와 피보험자가 보험사고로부터 발생하는 손해를 방지하거나 최소화하려고 노력해야 하고 이러한 행위에 대한 보상으로 보험자가 손해방지에 소요된 비용을 전액 보상하는 것을 의미한다. 특별비용은 보험의 목적물에 대한 위험이 발생하여 피난항으로 이동한 경우 발생하는 양륙비, 보관료, 재포장비, 선적비 등으로 공동해손비용과 구조비를 제외한 비용이다.

11.6 • 보험증권

<table>
<tr><td colspan="3">MARINE CARGO INSURANCE POLICY</td></tr>
<tr><td colspan="3">Assured
ANSO NYLON Co., Ltd.</td></tr>
<tr><td colspan="2">Policy No. 0017899123456</td><td>Ref, No. Invoice No. TP0390281
L/C No. A9912241</td></tr>
<tr><td colspan="2">Claims, if any, payable at :
ANSO NYLON Co.,Ltd.
82 Church ST., New York
N.Y. 10007, U.S.A
Tel : +82 516-247-7006
Fax : +82 585-697-5110</td><td>Amount insured
USD5,610
(USD5,100 × 1.1)
(CIF VALUE × 110%)</td></tr>
<tr><td colspan="2">Survey should be approved by :
SAME AS ABOVE</td><td rowspan="5">Conditions
* INSTITUTE CARGO CLAUSE (A)
INCLUDING WAR AND SRCC CLAUSES</td></tr>
<tr><td>Local Vessel or Conveyance</td><td>From(interior port or place of loading)</td></tr>
<tr><td>ship of Vessel called the WD Mark</td><td>sailing on or about July 15, 2025</td></tr>
<tr><td>at and from Busan, KOREA</td><td>transshipped at</td></tr>
<tr><td>arrived at</td><td>thence to</td></tr>
</table>

<table>
<tr><td>New York, U.S.A</td><td></td><td></td></tr>
<tr><td colspan="3">GOODS AND MERCHANDISES
300 Cases of The Canned Top-shell, Seasoned

ANSO NYLON Co.,Ltd.
82 Church ST., New York
N.Y. 10007, U.S.A
C/No. : 1~5
MADE IN KOREA</td></tr>
<tr><td colspan="3">Place and Date signed in Busan, KOREA, July 14, 2025 No. of policy issued TWO
SEE IMPORTANT INSTRUCTION ON REVERSE

CU Insurance Co., Ltd.

AUTHORIZED SIGNATURE

This Certificate is not valid unless the declaration be signed by an authorized representative of the insurer.</td></tr>
</table>

11.7 • 수출보험

수출보험은 무역을 장려하기 위해 정부에서 정책적으로 수출상에게 제공하는 금융적인 혜택이다. 이는 수입국의 외환부족, 수입금지, 전쟁 등과 같은 비상위험으로 인한 대금지급의 불이행, 수입상의 대금지급능력의 결여, 대금지급의 지연 등 신용위험으로 인한 대금지급 불이행 또는 수출상의 기업위험으로 인한 판매예측이나 경영예측의 실패에 대해 정책적으로 보상을 함으로서 무역에 대한 지원을 하는 정책보험이다. 이러한 수출보험은 한국수출보험공사에서 이행하고 있다. 그 내용은 다음과 같다.

단기수출보험은 수출상이 2년 이내의 수출계약을 체결한 후 수출불능이나 대금회수불능의 경우 손실을 보상하는 보험이다. 보험계약자는 수출상이 된다.

수출어음보험은 외국환은행이 2년 이내의 수출화환어음을 매입한 경우 동 화환어음이 지급불능이 된 경우 이를 보상하는 보험이다. 이는 외국환은행이 보험계약자가 된다.

중장기수출보험은 수출상이 2년을 초과하는 결제기간을 가진 수출계약에 대해 수출이 불가능해지거나 대금결제를 받을 수 없게 된 경우 이를 보상하는 보험이다.

해외공사보험은 해외건설공사계약을 체결한 후 공사에 대한 대가를 지급받지 못하게 되었을 때 손실을 보상하는 보험이다.

해외투자보험은 해외투자를 이행한 경우 대상국의 천재지변, 전쟁 등에 의한 투자금의 회수가 불가능할 때 이를 보상하는 보험이다.

시장개척보험은 해외시장을 개척하기 위해 비용을 투자한 경우 시장을 개척하지 못하거나 수출을 이행하지 못한 경우 이를 보상하는 보험이다.

농수산물수출보험은 농수산물의 수출계약 체결 후 수출이 불가능해지거나 대금결제를 받지 못한 경우 이를 보상하는 보험이다.

수출보증보험은 금융기관에 대한 보험으로 동 금융기관이 무역업자에 대해 해외건설공사에 대한 보증이나 수출에 대한 보증을 한 경우 상대로부터 보증에 대한 이행청구를 받아 발생한 손실에 대한 보상을 하는 보험이다.

수출신용보증은 중소기업이 수출을 위해 금융기관으로부터 대출을 받은 후 수출을 이행하지 못하거나 대금을 지급받지 못하여 발생하는 동 중소기업의 채무를 한국수출보험공사가 연대보증하는 보험이다.

환변동보험은 자본재를 수출을 할 때 입찰시점의 환율과 결제시점의 환율의 차이를 보상하는 보험이다.

이자율변동보험은 수출상이 금융기관으로부터 고정금리의 이자와 변동금리의 이자에 대해 차이가 발생한 경우 그 차이를 보상하는 보험이다.

CHAPTER

12

통관과 무역분쟁

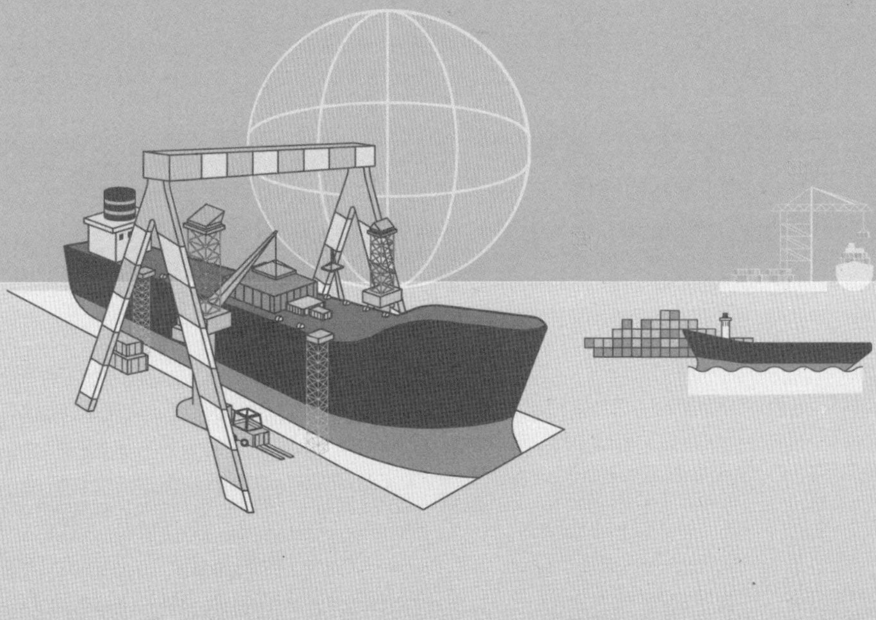

Chapter

12 | 통관과 무역분쟁

12.1 • 통관과 관세

12.1.1 통관

물품을 수출입하고자 하는 자는 수출입 이전에 반드시 통관절차를 거쳐야 한다. 이는 관할지 세관장에게 수출입하고자 하는 물품의 품명, 규격, 수량, 가격 등 물품의 세부적인 사항에 대해 신고를 이행하는 것이다. 수출입 신고의 생략 또는 간이신고대상인 물품은 여행자의 휴대품, 탁송품, 별송품, 우편물, 관세가 면제되는 물품 및 컨테이너로서 기본세율이 무세인 것이 있다. 수출입 신고대상인 물품은 보세구역에 반입 또는 장치한 날 이후로 30일 이내에 신고해야 한다.

수출입 신고인은 화주, 관세사, 관세사법인 또는 통관취급법인의 명의로 신고해야 한다. 화주는 당해 수출입화물에 대한 당사자를 의미한다. 일반적으로 화주가 직접 신고하는 경우는 대기업이 관세사를 채용하여 자가통관을 하는 경우가 대부분이다. 이를 제외하고 화주는 관세사, 관세사법인 또는 통관취급법인에 수출입통관을 대행하게 된다. 관세사는 관세사시험에 합격하고 관세청장에게 관세사의 영업을 신고한 자를 의미한다. 관세사법인은 관세사 3인 이상이 자본금 2억원 이상을 보유하고 관세청장에게 법인으로 신고한 자를 의미한다. 통관취급법인은 운송, 보관, 하역업체나 종합물류기업이 관세청장에게 통관취급법인의 등록을 통해 자신이 운송 등을 위탁받은 화물에 대해 통관업무를 수행할 수 있다.

수출신고는 상기에서 언급한 바와 같이 물품을 보세구역에 반입 또는 장치한 후 30일 이내에 관할지 세관장에게 신고해야 한다. 수입신고는 다음과 같이 분류된다. 첫째, 출항 전 수입신고는 화물이 운송수단에 적재되고 수출국을 출항하기 전에 수입신고를 할 수 있다. 이는 중국이나 일본과 같이 운송시간이 오래 걸리지 않는 국가로부터 수입될 경우나 항공운송에 주로 사용된다. 입항 전 수입신고는 운송수단이 수출국을 출발하여 우리나라에 입항하기 전 운송 중인 경우에 수입신고를 하는 것이다. 컨테이너화물의 경우 FCL화물만이 대상이 된다. 도착 전 수입신고는 운송수단이 입항한 이후 보세구역에 도착하기 전인 보세운송 도중에 수입신고가 가능하다. 장치 후 수입신고는 물품이 보세운송 후 보세구역에 장치된 이후에 수입신고가 가능하다. 수입신고는 모두 관할지 세관에 하면 된다.

부두직통관제도는 입항 전 수입신고의 일종으로 운송수단이 입항하기 전에 수입신고가 완료된 경우 또는 수입되는 부두 내에서 수입신고가 수리된 경우 부두에서 수입상의 창고 또는 공장으로 반출하는 것을 나타낸다. 이는 부산항, 인천항, 광양항 및 평택항에서 시행하고 있으며 FCL 및 LCL(CFS 내에서 처리) 화물을 대상으로 한다.

수출신고시 제출해야 하는 서류는 수출상이 관세사 등에게 상업송장, 포장명세서 및 관세법 등에서 요구하는 서류를 제출하면 관세사 등은 uni-pass를 통해 수출통관을 진행하고 수출신고필증이 발급되게 된다. 수입신고시 제출해야 하는 서류는 수입상이 선하증권, 상업송장, 포장명세서, 원산지증명서 및 기타 관세법 등에서 요구하는 서류를 관세사 등에 제출하면 uni-pass를 통해 수입통관을 진행하고 완료되면 관세 및 제세(신고 수리일 이후 15일 이내)를 수입상이 납부한 이후 수입신고필증이 발행된다.

12.1.2 관세

관세는 화물의 수출입을 위해 관세영역을 통과하는 물품에 대하여 부과하는 세금이다. 관세영역이란 관세법의 지배를 받는 구역을 의미한다. 관세영역은 국경을 기준으로 하고 국경의 내에 존재할 수도 있고 외국에 존재할 수도 있다. 일반적으로 우리나라의 국경을 통과하여 국내로 들어오는 물품은 모두 우리나라의 관세법의 지배를 받게 된다. 이와는 달리 국내의 특정한 지역으로 예를 들면 외국의 대사관이나 주한미군의 주둔지는 외국의 영역으로 분류된다. 따라서 이들 지역은 우리나라 관세법의 지배를 받지 않는다. 달리 말하면 이들 지역에 물품을 공급할 때는 수출로 취급하고 이들 지역으로부터 물품을 반출할 때는 수입으로 취급하게 된다. 이러한 경우 반드시 통관절차를 거쳐 수출입을 이행해야 한다.

관세는 다양한 기능을 가지고 있다. 첫째, 국내산업보호의 기능이다. 관세 및 제세의 부과는 수입되는 상품의 가격을 부과되는 세금만큼 상승시켜 내국물품의 경쟁력을 높이게 된다. 둘째, 재정수입확보의 기능이다. 관세 및 제세를 부과하면 동 부과된 세금만큼 국가의 재정수입이 늘어나게 된다. 우리나라는 관세를 국세로 취급하고 있다. 셋째, 소비억제의 효과이다. 관세 및 제세를 부과하면 수입물품의 가격이 상승하여 소비자들이 소비를 줄이게 된다. 넷째, 수입대체 및 국제수지의 개선효과이다. 관세 및 제세를 부과하면 수입물품에 대한 소비가 감소하고 이에 따라 국내 상품에 대한 소비가 증대하여 수입대체의 효과가 있고 이에 따라 달러의 유출을 감소시켜 국제수지의 개선효과가 발생하게 된다.

12.1.3 관세의 과세요건

과세요건은 국가가 법률에 따라 세금을 부과할 때 갖추어야 하는 기본적인 조건을 의미한다. 관세의 과세요건은 과세물건, 납세의무자, 세율 및 과세표준이다. 우리나라에서 관세는 수입되는 물품에 대해서만 부과된다. 과세물건은 수입되는 물품을 의미한다. 수입되는 물건은 유형의 재화뿐만 아니라 무형의 서비스나 컴퓨터 프로그램, 게임 등과 같은 무형의 재화도 수입시 관세가 부과된다. 또한 관세법을 제외한 타 법률에 의해 관세가 감면되거나 면제되는 경우 특별법 우선의 원칙에 의해 관세법은 배제되고 타 법률이 적용되어 관세가 감면되거나 면제된다.

과세표준은 관세를 결정하기 위한 수입물품의 가격 및 수량을 의미한다. 일반적으로 수입물품의 과세표준은 가격을 기준으로 하는 종가세와 수량을 기준으로 하는 종량세가 있다. 대부분의 수입물품은 가격을 기준으로 하는 종가세를 과세표준으로 한다. 다만 예외적으로 영화용 필름과 비디오테이프는 종량세를 적용하고 있다. 그러나 종량세를 적용받는 물품도 부가가치세 등을 납부해야 하고 이는 종가세를 적용받는다. 종가세를 기준으로 과세표준은 CIF가격을 기준으로 한다. 이는 상업송장의 가격에 운임 및 보험료를 포함한 가격을 의미한다.

과세 이외의 제세는 다음과 같다. 개별소비세는 보석 등 사치품에 부과되는 세금이다. 주세는 주류에 부과되는 세금이다. 교육세는 개별소비세, 교통세 및 주세가 부과되는 물품에 부과되는 세금이다. 농어촌특별세는 개별소비세가 부과되는 물품 중 일부의 품목에 대해 부과되는 세금이다. 부가가치세는 과세가격, 관세, 개별소비세, 주세, 교통세, 교육세 및 농어촌특별세를 합한 금액의 10%를 부과하게 된다. 간이세율은 복잡한 관세 및 제세를 종합적으로 고려하여 단일한 세율로 적용한 세율을 의미한다. 간이세율의 적용대상물품은 여행자 및 승무원의 휴대품, 우편물, 별송품, 탁송품 등이 있다.

관세율의 종류는 국정관세율과 협정관세율이 있다. 국정관세율은 기본관세율(관세율표상의 세율), 잠정관세율(기본관세율과 다른 잠정세율)

및 탄력관세율(덤핑방지관세, 상계관세, 조정관세 등)이 있고 협정관세율은 외국과의 조약이나 협정에 의해 체결된 관세율을 의미한다. 관세율의 적용에 대한 우선순위는 다음과 같다. 첫째, 덤핑방지관세, 상계관세, 보복관세, 긴급관세 등은 관세율에 관계없이 우선 적용된다. 둘째, 국제협력관세와 편익관세는 다음 순위로 적용된다. 셋째, 조정관세, 할당관세 및 계절관세는 다음 순위로 적용된다. 넷째, 일반특혜관세이다. 다섯째, 잠정관세이다. 여섯째, 기본관세의 순서로 적용된다.

납세의무자는 관세를 납부해야 할 의무가 있는 자를 의미한다. 수입품에 대한 납세의무자는 수입상이 된다. 수입상은 관세사 등에 수입통관을 의뢰하고 선하증권, 상업송장, 포장명세서, 원산지증명서 등의 서류를 제출한 이후 관세사 등이 uni-pass를 통해 수입통관을 완료하고 관세 등의 납부를 요청하면 이를 납부해야 하는 의무자이다. 관세 및 제세의 납부 이후 세관은 수입신고필증을 발행하게 된다.

관세율은 관세액을 결정하기 위한 세액으로서 관세법 별표 1 관세율표에서 나타난다. 이는 과세표준인 수입품의 가격에 관세율을 곱한 금액을 의미한다.

12.1.4 원산지규정

원산지는 물품의 생산지를 결정하는 기준을 의미한다. 원산지규정은 특혜원산지규정과 비특혜원산지규정으로 분류하고 있다. 특혜원산지규정은 FTA에 의한 일방의 또는 쌍방의 관세 상의 특혜를 나타낸다. 비특혜원산지규정은 특혜원산지규정 이외의 모든 원산지규정을 의미한다. 원산지규정은 원산지결정기준, 원산지증명서류, 원산지표시대상과 방법 및 확인절차로 구성된다.

원산지결정기준은 완전생산기준과 실질적인 변형기준으로 분류된다. 완전생산기준이란 물품이 한 국가 내에서 생산과정이 이루어진 경우 동 국가를 물품의 원산지로 본다. 이는 농산물이나 광산물이 이에 해당하고 이를 통해 당해 국가에서 생산한 물품은 당해 국가가 원산지가 된다. 이와는 달리 실질적인 변형기준은 생산과정이 2개국 이상에 걸쳐 이루어진 경우 동 물품의 본질적 특성을 부여하기에 충분한 실질적인 생산, 가공 및 제조과정이 최종적으로 수행된 국가를 물품의 원산지로 본다. 이는 HS변경기준, 부가가치기준 및 가공공정기준으로 분류할 수 있다. HS변경기준은 원료와 완제품의 HS를 비교해 세 번이 일정 수준에서 변경되는 경우 동 국가를 원산지로 한다. 부가가치기준은 특정 국가에서 물품의 부가가치를 창출하는 활동을 한 경우 동 국가를 원산지로 한다. 가공공정기준은 물품의 생산공정에서 특수한 공정을 거쳐야 하는 경우 동 공정을 행한 국가가 원산지가 된다.

원산지허위표시물품은 통관이 제한된다. 원산지허위표시물품이란 법령에서 정한 원산지표시에 위배되는 표시를 한 경우, 사실과 다른 원산지를 표시한 경우 및 원산지표시가 되지 않은 경우로 볼 수 있다. 이러한 물품은 통관이 허용되지 않거나 보완이나 정정하여 원산지를 올바르게 표시한 후 통관이 허용된다. 환적화물의 경우 원산지허위표시물품은 세관에서 유치할 수 있고 이에 대한 원산지표시의 수정 등의 조치를 명할 수 있다. 세관장은 수정이 완료되면 유치를 해제하고 그렇지 않은 경우 세관장은 매각을 명령할 수 있다.

원산지증명서는 FTA용 원산지증명서와 일반 원산지증명서로 분류할 수 있다. FTA용 원산지증명서는 세관 또는 대한상공회의소에서 발급받을 수 있다. 이는 각 국별로 원산지증명서의 양식이 다르다. 예를 들면 한국과 싱가포르, 아세안, 인도, 중국 및 베트남 간의 FTA는 발급기관을 통해 FTA용 원산지증명서를 발급받아야 한다.

그러나 한국과 칠레, EFTA, EU, 미국, 페루, 터키, 뉴질랜드, 콜럼비아, 캐나다, 호주 및 중미 간의 FTA는 자율발급으로 협정이 정하는 방법과 절차에 따라 수출상이 물품의 원산지를 증명하는 방법으로 상업송장에 수출상이 원산지를 기재하는 방법도 가능하다.

12.2 • 무역분쟁

12.2.1 무역분쟁

무역분쟁은 무역의 당사자로서 수출상과 수입상 중 일방의 당사자가 무역계약의 내용에 따른 의무를 이행하지 않아 상대방 당사자에게 손해를 끼쳐서 상대방 당사자가 자신의 권리를 회복하기 위해 손해배상을 요구하는 것을 의미한다. 수출상의 무역계약의 불이행은 다양하게 존재한다. 예를 들면 수출상은 무역계약에서 A등급으로 품질을 결정했지만 B등급의 화물을 인도하는 품질조건의 위반, 100개의 수량을 계약했지만 80개만 인도하는 수량조건의 위반, 선적기일이 2025년 5월 10일까지이지만 동 일자를 넘겨 선적하는 선적조건의 위반 등 다양하게 나타나고 있다. 수입상의 무역계약의 불이행은 무역결제를 이행하지 않는 경우가 대부분이다. 무역분쟁이 발생하는 경우 당사자들은 무역계약에서 분쟁해결방법이 규정되어 있다면 동 규정을 따라야 한다. 따라서 무역계약의 위반은 일방의 당사자가 무역계약의 의무를 이행하지 않은 것을 의미하고 이에 따라 상대방 당사자의 권리를 침해한 경우를 무역계약의 본질적 위반으로 본다.

12.2.2 무역분쟁에 포함되지 않는 사항

무역분쟁에 포함되지 않는 사항은 무역계약에서 나타나는 불가항력조항에 포함된 사항으로 무역계약의 당사자들의 통제를 넘어선 사건에 의해 당사자들이 의무를 이행할 수 없는 상태를 의미한다. 예를 들면 무역계약은 불가항력조항을 포함하고 있다. 이는 천재지변, 전쟁, 파업, 폭동, 소요 등을 의미한다. 이러한 불가항력조항은 일반거래협정서에 명시적으로 나타나야 하고 동 내용에 따라 발생한 사건은 당사자의 통제를 넘어선 사건으로 무역분쟁의 범위에 포함되지 않고 당사자는 면책된다. 불가항력사태가 발생하면 당사자는 상대방에게 동 사태의 발생에 대해 신속히 알려야 한다. 또한 당사자는 이를 객관적으로 증명할 수 있는 자료를 상대방에게 지체없이 제공해야 한다.

이행불능(frustration)은 계약이 목적을 달성할 수 없는 것을 의미한다. 이는 무역계약의 당사자의 사망, 후발적 위법 등의 경우를 들 수 있고 이에 따라 무역계약은 해지된다. 달리 말하면 무역계약이 체결된 이후 이행불능이 발생하게 된 경우 무역계약은 동 시점부터 장래에 대하여 그 효력을 잃게 된다. 이행불능은 무역계약이 자동적으로 소멸되지만 불가항력은 무역계약의 불이행에 대해 면책된다.

12.2.3 무역분쟁의 해결방법

무역계약은 양 당사자들이 의무를 이행하여 수출상이 대금결제를 받고 수입상이 계약에 일치하는 물품을 인수하게 되면 소멸한다. 또한 양 당사자가 합의에 의해 무역계약을 소멸시킬 수 있고 일방의 당사자가 무역계약을 위반했을 때 계약은 소멸되고 클레임이 제기된다. 이에 추가해서 이행불능시 역시 계약은 소멸하게 된다. 여기서 일방의 당사자에 의한 무역계약위반의 경우 상대방 당사자는 클레임을 제기하게 된다. 만일 무역계약에 상사중재조항을 포함시켰다면 양 당사자들은 상사중재를 통해 무역분쟁을 해결하게 된다. 이는 법원을 통해 분쟁을 해결하는 것이 아닌 사적인 절차를 통해 무역분쟁을 해결하는 것이다. 무역분쟁해결을 위한 기구로 우리나라는 대한상사중재원이 있다.

분쟁해결의 방법은 화해, 조정 및 중재가 있다. 화해는 당사자 간 타협과 양보를 통해 상호 간의 의견을 받아들여 무역분쟁을 해결하는 것이다. 이는 대한상사중재원에서 화해를 위한 양 당사자 간의 협상을 유도하여 당사자 간의 화해를 통해 무역분쟁을 해결하게 하는 절차이다. 화해가 되지 않은 경우 중재원은 양 당사자의 합의를 통해 조정인을 선정하고 양 당사자에게 조정인의 조정안을 제시하게 된다. 양 당사자들은 조정안을 받아들일 경우 무역분쟁은 해결된다. 그러나 양 당사자 중 어느 일방 혹은 양 당사자 모두 조정안을 받아들이지 않을 경우 무역계약에 따라 중재절차에 들어가게 된다. 중재절차에 들어가기 전에 양 당사자들은 소송권을 포기해야 한다. 단 중재판정이 내려진 이후 중재절차에 대한 소송은 가능하다.

12.2.4 상사중재

상사중재는 무역의 당사자인 수출상과 수입상 중 일방의 당사자가 자신의 의무를 이행하지 않아 상대방 당사자가 피해를 입었을 경우 동 피해를 구제하기 위해 중재기관인 대한상사중재원을 통해 중재를 신청한 경우 중재인이 선정되어 중재심리를 통해 중재판정을 내리는 것을 의미한다. 상사중재의 요건은 당사자 간의 중재계약의 성립, 재판권의 포기, 중재판정이 1심으로 종료 및 법원의 최종판결과 동일한 효력을 의미한다.

상사중재는 뉴욕협약(United Convention on the Recognition and Enforcement of Foreign Arbitral Awards, 1958)을 기초로 전 세계 172개국(2023년 기준)이 가입해 있다. 뉴욕협약에 가입한 회원국은 상대 국가에서 내려진 중재판정에 대해 상호 간에 적용을 인정하고 있다. 그러나 강제집행을 위해서 중재판정을 받은 당사자는 법원의 강제집행에 대한 판결을 받아 상대방에게 이를 집행할 수 있다.

상사중재가 적용되기 위해서는 무역계약의 당사자들이 상사중재에 대한 합의를 해야 하고 동 합의를 무역계약에 포함시켜야 한다. 모든 분쟁을 법원의 판단에 맡긴다면 법원의 업무는 감당하기 어려울 정도로 많아진다. 이에 따라 법원의 규모가 한계가 있기 때문에 무역업자는 신속하고 저렴한 비용으로 무역전문가에 의하여 비공개적으로 외국에서도 집행가능한 상사중재를 이용할 수 있다. 그러나 상사중재는 법률가가 아닌 민간 전문가에 의한 판정으로 법적 안정성이 부족하고 단심제에 따른 판단의 오류의 가능성이 존재한다.

상사중재의 절차는 다음과 같다.

첫째는 무역계약서에 상사중재에 대한 내용을 포함시키는 것이다. 무역계약의 당사자들은 무역계약서에 상사중재에 대한 합의를 포함시키거나 무역분쟁의 발생시 양 당사자가 상사중재를 통해 분쟁을 해결하겠다고 합의한다면 상사중재를 통해 무역분쟁을 해결할 수 있다.

둘째는 분쟁의 발생시 양 당사자는 상사중재를 이행하고자 하는 경우 대한상사중재원과 중재계약을 체결해야 한다. 이 경우 신청인은 중재신청서, 양 당사자의 서명이 포함된 합의서, 중재에 대한 청구의 근거 서류, 대리인의 경우 위임장을 제출해야 한다.

셋째는 조정인에 의한 조정절차를 이행한다. 이는 양 당사자에 의한 분쟁의 해결과정으로 조정인의 조정안이 받아들여지지 않은 경우 상사중재를 하게 된다.

넷째는 중재장소에 대한 합의를 하게 된다. 일반적으로 무역계약서에 중재에 대한 내용을 작성할 때 중재지가 나타나게 되고 그렇지 않을 경우 양 당사자 간에 합의를 통해 결정하게 된다.

다섯째는 중재인을 선정하게 된다. 중재인은 중재인명부를 통해 양 당사자가 합의하여 선정하게 된다. 중재인은 3인이 선정되고 이들 중 최소한 1인은 법률가가 선정되어야 한다. 그 이유는 중재판정문의 작성시 법률적인 용어와 형식에 의해 작성되고 동 중재판정문은 관할지 법원으로 이송되어 5년간 보관하게 되기 때문이다.

여섯째는 중재심리이다. 중재심리는 중재인이 무역분쟁에 대한 내용을 양 당사자에게 문의하고 그 내용을 파악하는 과정이다.

일곱째는 중재판정이다. 중재심리가 끝나고 중재인은 무역분쟁에 대한 최종적인 결정을 내리게 된다. 이러한 중재판정은 양 당사자들이 반드시 따라야 하고 법원의 최종판결과 동일한 효력이 있다.

CHAPTER

13

무역서류

Chapter

13 | 무역서류

13.1 • 거래권유장

Circular Letter

Daeyang Fisheries Commercial Co., Ltd.,

Busan, Republic of Korea

Tel. + 82-2-457-5804

Date : April 3, 2025

Reference No. 2025-04-03

ANSO NYLON Co.,Ltd.

82 Church ST., New York, N.Y. 10007, U.S.A

Dear Sir/Madam,

We were recommended to your esteemed company by our business partner, HY Food Co., LTD., who informed us of your plans to import Seasoned Canned Top-Shell. We are writing to express our keen interest in opening an account with you.

As a leading canned food processing company based in Korea, we take pride in our excellent reputation for providing high-quality products at competitive prices, which has garnered us the trust of our customers.

Regarding payment terms, our standard practice is to transact through an irrevocable Letter of Credit (L/C), with drafts drawn at sight.

For verification of our financial stability, we encourage you to contact Shinhan Bank's main office in Seoul, Republic of Korea.

Should you require further information about our products, please visit our website at www.DFC.com, where you can access our latest profile, digital catalogue, and price list.

We anticipate a positive response from you at your earliest convenience.

Sincerely,

Daeyang Fisheries Commercial Co., Ltd.,

S.H.Jo

CEO S.H.Jo

13.2 • 문의

Inquiry.

ANSO NYLON Co., Ltd.
82 Church ST., New York
N.Y. 10007, U.S.A

Date : April 28, 2025
Reference No. 2025-04-28

Daeyang Fisheries Commercial Co., Ltd.,
1 Centerum, Haeundae-Gu, Busan, Republic of Korea

Dear Sir/Madam,

Thank you for your letter dated April 3, 2025, expressing your interest in opening an account with us for Seasoned Canned Top-Shell.

We are intrigued by the products you mentioned and are open to considering your proposal provided that your products meet the standards of quality and pricing required by our market. We kindly request that you send us samples of your products and provide a quotation based on CIF New York. Should your products prove to be competitive in terms of quality and pricing, we are prepared to place a substantial order.

Regarding our financial credibility, we would like to direct you to The Mellon Bank of New York for verification.

We appreciate your outreach and look forward to your prompt response.

Best regards,

ANSO NYLON Co.,Ltd.

E.M. Forster

Representative/*Mr. E.M. Forster*

13.3 • 확정오퍼

Offer

Daeyang Fisheries Commercial Co., Ltd.,
1 Centerum, Haeundae-Gu, Busan, Republic of Korea
Tel. + 82-2-457-5804

Date : May 10, 2025

Messer: ANSO NYLON Co.,Ltd.
82 Church ST., New York, N.Y. 10007, U.S.A

Gentleman:

In accordance with your inquiry dated 28 April 2025, we are pleased to offer you as follows:

DESCRIPTION	QUANTITY	UNIT PRICE	TOTAL PRICE (Amount)
Canned Top-shell, Seasoned 48 tins/7 oz. per case. Remarks. 1. Inspection made by the seller is final. 2. The label is designed by your request. Marker: Daeyang Fisheries Commercial Co., Ltd., Busan, Republic of Korea	300 Cases	CIF N.Y. US$17.50 per case	US$5,250

Item: Canned Top-shell, Seasoned
Destination: New York, U.S.A
Shipment: During July, 2025
Terms of Payment: Draft at sight under an Irrevocable L/C

Inspection: Seller's final confirmation
Origin: Republic of Korea
Packing: Wooden cases
Validity: 20 May 2025
Remarks: Partial shipment and transshipment allowed
containing 48/7 oz.
per case

※ Canned Top-shell, Seasoned

This contract is really important to both of us, and we would request you to pay irrevocable L/C based on at sight draft. We are awaiting for your acceptance.

Yours faithfully,

Accepted by

Buyer | **Sellers**

S.H.Jo

ANSO NYLON Co.,Ltd. | Daeyang Fisheries
Commercial Co., Ltd.
Representative/*Mr. E.M. Forster* | CEO S.H.Jo

13.4 • 반대오퍼

Counter Offer

ANSO NYLON Co.,Ltd.
82 Church ST., New York
N.Y. 10007, U.S.A

Date: 15 May 2025
Reference No. 2020-05-15

Dear Sir/Madam,

We acknowledge receipt of your letter dated May 10, along with the offer of 300 cases of Seasoned Canned Top-Shell and the accompanying samples.

We are pleased to inform you that the samples you provided have met our expectations and left a positive impression on us. However, upon reviewing the pricing, we find it to be on the higher side compared to your competitors.

As previously mentioned in our inquiry dated April 28, we have the capacity to import these products in large quantities if the pricing is competitive enough to appeal to our customer base. Therefore, we kindly request that you consider offering a discount of up to U$17 per case, amounting to a total of U$5,100 for the entire order.

We trust that you are aware of the competitive nature of the market and the importance of building a strong and mutually beneficial relationship for future collaborations. Offering a discount on the initial order would greatly contribute to fostering this relationship.

Thank you for your understanding, and we look forward to your favorable response.

Best regards,

ANSO NYLON Co.,Ltd.
Representative/Mr. E.M. Forster
E.M. Forster

13.5 • 승낙

Acceptance

Daeyang Fisheries Commercial Co., Ltd.
1 Centerum, Haeundae-Gu, Busan, Republic of Korea
Tel. + 82-2-457-5804

Date : May 17, 2025
Reference No. 2020-05-17

Dear Sir/Madam,

We are writing to formally accept your counter offer dated May 15 for the Seasoned Canned Top-Shell at the agreed price of US$5,100, CIF New York.

To finalize this transaction, we have enclosed our Sale Note No.237 in duplicate with this letter. Kindly sign both copies and return the duplicate to us at your earliest convenience.

We are excited about this collaboration and look forward to establishing a successful partnership with an initial order that benefits both parties.

Thank you for your attention to this matter.

Best regards,

Daeyang Fisheries Commercial Co., LTD.
S.H.Jo
S.H.Jo
CEO and President

13.6 • 무역계약서

Sale Contract

Daeyang Fisheries Commercial Co., LTD.

1 Centerum, Haeundae-Gu, Busan, Republic of Korea

Tel. + 82-2-457-5804

Sales Contract

Date : May 23, 2025

Contract No. 237

MESSERS. ANSO NYLON Co., Ltd.

82 Church ST., New York, N.Y. 10007, U.S.A

We, Daeyang Fisheries Commercial Co., Ltd., as Seller, hereby agree to sell you, as Buyer, the following goods subject to the terms and conditions hereinafter set forth and on the reverse side hereinafter:

DESCRIPTION	QUANTITY	UNIT PRICE	TOTAL PRICE (Amount)
Canned Top-shell, Seasoned 48 tins/7 oz. per case. Remarks. 1. Inspection made by the seller is final. 2. The label is designed by your request. Marker: Daeyang Fisheries Commercial Co., Ltd., Busan, Republic of Korea	300 Cases	CIF N.Y. US$17 per case	US$ 5,100

Item: Canned Top-shell, Seasoned
Destination: New York, U.S.A
Shipment: During July, 2025
Terms of Payment: Draft at sight under an Irrevocable L/C
Inspection: Seller's final confirmation
Origin: Republic of Korea
Packing: Wooden cases
Remarks: Partial shipment and transshipment allowed
containing 48/7 oz.
per case

Please sign and return the duplicate.
Accepted by,

ANSO NYLON Co.,Ltd.
Representative/Mr. E.M. Forster
E.M. Forster

Daeyang Fisheries Commercial Co.,
LTD./CEO S.H.Jo
S.H.Jo

13.7 • 신용장

Letter of Credit

*Advice Br: Shinhan Bank *Advice Date : 06.09.2025

Advice of Advice No : A-0375-124-5804
Issue of Documentary Credit *Credit No : A9912241

*Beneficiary: Daeyang Fisheries Commercial Co., LTD.
1 Centerum, Haeundae-Gu, Busan, Republic of Korea
Tel : + 82-2-457-5804

*Applicant : ANSO NYLON Co.,Ltd.
82 Church ST., New York, N.Y. 10007, U.S.A
Tel : +82 516-247-7006
Fax : +82 585-697-5110

*Amount : US$ 5,100
*Expiry Date : 08.07.2025
*Issue Bank : The Mellon Bank of New York

Dear Sir/Madam,
At the request of the issuing bank and without any engagement of responsibility on our part, we are pleased to inform you that we have received the following authenticated teletransmission dated 06.07.2025
◎ 700 Issue of a documentary credit

From: The Mellon Bank of New York	To: Shinhan Bank
:27 Sequence of Total	: 1/1
:40A Form of Documentary Credit Number	: Irrevocable
:20 Documentary Credit Number	: A9912241
:31C Date of Issue	: 06.07.2025
:31D Date and Place of Expiry	: 08.07.2025, Republic of Korea
:50 Applicant	: ANSO NYLON Co., Ltd. 82 Church ST., New York, N.Y. 10007, U.S.A
:59 Beneficiary	: Daeyang Fisheries Commercial Co., Ltd. 1 Centerum, Haeundae-Gu, Busan, Republic of Korea
:32B Currency Code Amount	: US$ 5,100
:39B Maximum Credit Amount	: Not Exceeding
:41A Available with ...By...	: Any Bank by Negotiation
:42C Drafts At...	: at sight
:42A Drawee	: The Mellon Bank of New York
:43P Partial Shipment	: Allowed
:43T Transshipment	: Allowed
:44A Loading/Dispatch/Taking in Charge at/from	: Busan, Republic of Korea
:44B For Transportation to...	: New York, U.S.A
:44C Last Date of Shipment	: 07.20.2025
:45A Description of Good and/or Services the Canned Top-shell, Seasoned 300 Cases At USD 17.00 per case CIF New York, U.S.A	
:46A Documents Required	

+ Singed Commercial Invoice in triplicate
+ Packing List in triplicate
+ Full set of clean on board ocean bill of lading made out to order of Mellon Bank, New York and marked freight prepaid and notify applicant.
+ Certificate of Origin in Duplicate
+ Marine Insurance policy or certificate in duplicate blank endorsed for full CIF value plus 10 percent covering Institute Cargo Clause (A), War and SRCC clauses.

:47A Additional Conditions
All document must bear out our Credit Number A9912241
Third party document acceptable
:49 Confirmation Instructions : Without
:53A Reimbursing Bank : Flag Star Bank, U.S.A
:71B Charges : All Banking commissions and charges including reimbursement outside U.S.A are for account of beneficiary
:49 Confirmation Instructions : Without
:78 Instruction to pay/acc/neg bk : For your payment under said credit and against presentation of fully conforming with documents, please reimburse yourselves under swift advice to us before 4 working days for reimbursement.

13.8 • 선하증권

<table>
<tr><td colspan="4">Bill of Lading</td></tr>
<tr><td colspan="2">① shipper/Exporter
Daeyang Fisheries Commercial Co., Ltd., 1 Centerum, Haeundae-Gu, Busan, Republic of Korea</td><td colspan="2">⑪ B/L No.
B2022041</td></tr>
<tr><td colspan="2">② Consignee
To order of Mellon Bank</td><td colspan="2" rowspan="2">Ⓙ Jin Shipping Co., Ltd.
4 Seocho-Dong, Kang Nam-Gu, Seoul, Republic of Korea
Tel. +44 2 777-8888
Fax. +44 2 777-8889</td></tr>
<tr><td colspan="2">③ Notify Party
ANSO NYLON Co.,Ltd.
82 Church ST., New York
N.Y. 10007, U.S.A</td></tr>
<tr><td>Pre-Carrage by</td><td>Place of Receipt
Busan, Korea</td><td colspan="2">Remarks</td></tr>
<tr><td>④ Ocean vessel
WD Mark</td><td>Voyage No.
1419E</td><td colspan="2">⑫ Flag
KOREA</td></tr>
<tr><td>Port of Loading
Busan, Korea</td><td>Port of Discharge
NEW York, U.S.A</td><td>Place of Delivery
NEW York, U.S.A</td><td>Final Destination
NEW York, U.S.A</td></tr>
</table>

<table>
<tr>
<td>⑬ Container No.
⑭Seal No. Mark & No.

ID01139

Total No. of Containers or Packages
(in words)</td>
<td>⑮No. & Kinds of Countainers or Packages

5 Cartons</td>
<td>⑯ Description of Goods

Canned Top-shell
Seasoned

(300 Cases)</td>
<td>⑰ Gross Weight

1,010 KGS</td>
<td colspan="2">Measurement

10.01CBM</td>
</tr>
<tr>
<td>⑱ Freight and Chardes</td>
<td>⑲ Revenue tons</td>
<td>⑳ Rate</td>
<td>㉑ per</td>
<td>㉒ Prepaid</td>
<td>Collect</td>
</tr>
<tr>
<td>㉓ Freight prepaid at Busan, KOREA</td>
<td>㉔Freight payable at</td>
<td colspan="4" rowspan="3">㉖ Place and Date of issue
July 19, 2025, Busan

㉘ Jin Shipping Co. LTD.
By Kim, J.H. (Signature)
As Carrier</td>
</tr>
<tr>
<td>Total prepaid in</td>
<td>㉕ No. of original B/L
THREE/3</td>
</tr>
<tr>
<td colspan="2">㉗ Laden on board vessel
Date Signature
July 19, 2025</td>
</tr>
</table>

13.9 • 상업송장

<table>
<tr><td colspan="6">Commercial Invoice</td></tr>
<tr><td colspan="3" rowspan="2">① shipper/Exporter
Daeyang Fisheries Commercial Co., Ltd., 1 Centerum, Haeundae-Gu, Busan, Republic of Korea</td><td colspan="3">⑦ Invoice No. and date :
TP0390281 / July 14, 2025</td></tr>
<tr><td colspan="3">⑧ L/C No. and date
L/C A9912241 / June 07, 2025</td></tr>
<tr><td colspan="3">② Consignee
To order of Mellon Bank</td><td colspan="3" rowspan="2">⑨ Buyer (if other than consignee)
ANSO NYLON Co.,Ltd.
82 Church ST., New York
N.Y. 10007, U.S.A</td></tr>
<tr><td colspan="3">③Departure date
July. 19, 2025</td></tr>
<tr><td colspan="2">④ Ocean vessel
WD Mark</td><td>⑤From
Busan, Korea</td><td colspan="3" rowspan="2">⑩ Other references

⑪ Terms of delivery and payment
CIF New York
Draft at sight under an Irrevocable L/C</td></tr>
<tr><td colspan="3">⑥ To
New York, U.S.A</td></tr>
<tr><td rowspan="2">⑫shipping Marks

ANSO NYLON Co., Ltd. NEW York, U.S.A C/No. : 1~5 MADE IN KOREA</td><td rowspan="2">⑬
No.&kind of packages

5 Cartons</td><td rowspan="2">⑭goods description

Canned Top-shell, Seasoned</td><td rowspan="2">⑮
Quantity

300 Cases</td><td>⑯Unit price

USD 17.00</td><td>⑰Amount

USD 5,100</td></tr>
<tr><td colspan="2">⑱ Signed by
S.H.Jo</td></tr>
</table>

13.10 포장명세서

<table>
<tr><td colspan="3">Packing List</td></tr>
<tr><td colspan="2">① Seller
Daeyang Fisheries Commercial Co., Ltd.
1 Centerum, Haeundae-Gu, Busan, Republic of Korea</td><td>⑧ Invoice No. and date :
TP0390281 / July 14, 2025</td></tr>
<tr><td colspan="2" rowspan="2">② Consignee

To order of Mellon Bank</td><td>L/C No. and date
L/C A9912241 / June 07, 2025</td></tr>
<tr><td>⑨ Buyer (if other than consignee)
ANSO NYLON Co.,Ltd.
82 Church ST., New York
N.Y. 10007, U.S.A</td></tr>
<tr><td colspan="2">③ Notify Party
ANSO NYLON Co.,Ltd.
82 Church ST., New York
N.Y. 10007, U.S.A</td><td rowspan="4">⑩ Other references

Terms of delivery and payment
CIF New York
Draft at sight under an
Irrevocable L/C</td></tr>
<tr><td colspan="2">④ Departure date
July 19, 2025</td></tr>
<tr><td>⑤ vessel / Flight
WD Mark</td><td>⑥ From
Busan, Korea</td></tr>
<tr><td colspan="2">⑦ To
New York, U.S.A</td></tr>
</table>

<table>
<tr><td rowspan="2">⑪shipping Marks

ANSO NYLON Co.,Ltd.
NEW York, U.S.A
C/No. : 1~5
MADE IN KOREA</td><td rowspan="2">⑫ No.&kind of packages

5 Cartons</td><td rowspan="2">⑬goods description

Canned Top-shell, Seasoned</td><td rowspan="2">⑭ Quantity

300 Cases</td><td>⑮Gross Weight

1,010KGS</td><td>⑯ Measurement

10.01CBM</td></tr>
<tr><td colspan="2">⑰ Signed by
S.H.Jo</td></tr>
</table>

13.11 보험증권

<table>
<tr><td colspan="3">MARINE CARGO INSURANCE POLICY</td></tr>
<tr><td colspan="3">Assured
ANSO NYLON Co., Ltd.</td></tr>
<tr><td colspan="2">Policy No. 0017899123456</td><td>Ref, No. Invoice No. TP0390281
L/C No. A9912241</td></tr>
<tr><td colspan="2">Claims, if any, payable at :
ANSO NYLON Co.,Ltd.
82 Church ST., New York
N.Y. 10007, U.S.A
Tel : +82 516-247-7006
Fax : +82 585-697-5110</td><td>Amount insured
USD5,610
(USD5,100 × 1.1)
(CIF VALUE × 110%)</td></tr>
<tr><td colspan="2">Survey should be approved by :
SAME AS ABOVE</td><td rowspan="5">Conditions
* INSTITUTE CARGO CLAUSE (A) INCLUDING WAR AND SRCC CLAUSES</td></tr>
<tr><td>Local Vessel or Conveyance</td><td>From(interior port or place of loading)</td></tr>
<tr><td>ship of Vessel called the WD Mark</td><td>sailing on or about July 15, 2025</td></tr>
<tr><td>at and from
Busan, KOREA</td><td>transshipped at</td></tr>
<tr><td>arrived at
New York, U.S.A</td><td>thence to</td></tr>
<tr><td colspan="3">GOODS AND MERCHANDISES</td></tr>
</table>

300 Cases of The Canned Top–shell, Seasoned ANSO NYLON Co.,Ltd. 82 Church ST., New York N.Y. 10007, U.S.A C/No. : 1~5 MADE IN KOREA
Place and Date signed in Busan, KOREA, July 14, 2025 No. of policy issued TWO SEE IMPORTANT INSTRUCTION ON REVERSE CU Insurance Co., Ltd. AUTHORIZED SIGNATURE This Certificate is not valid unless the declaration be signed by an authorized representative of the insurer.

13.12 원산지증명서

<table>
<tr><td>1. Exporter(Name, address, country)
Daeyang Fisheries Commercial Co., LTD. 1 Centerum, Haeundae-Gu, Busan, Republic of Korea</td><td rowspan="2">ORIGINAL
Korea-U.S. FTA
CERTIFICATE OF ORIGIN
issued by
THE KOREA CHAMBER OF COMMERCE & INDUSTRY
Seoul, Republic of Korea</td></tr>
<tr><td rowspan="2">2. Consignee(Name, address, country)
To order of Mellon Bank</td></tr>
<tr><td>3. Country of Origin
The Republic of Korea</td></tr>
<tr><td>4. Transport details
TO: New York, U.S.
FROM: Busan, Korea
Vessel's name: WD Mark
Departure Date: July 19, 2025</td><td>5. Remarks</td></tr>
<tr><td>6. Marks & Numbers ; number and kind of packages ; description of goods
Canned Top-shell, Seasoned</td><td>7. Quantity
300 cases</td></tr>
<tr><td rowspan="2">8. Declaration by the Exporter
The undersigned, as an authorized signatory, hereby declares that the avove-mentioned goods were produced or manufactured in the country shown in box 3.
(Signature)
(Name)</td><td>9. Certification
The undersigned authority hereby certifies that the goods described above originate in the country shown in box 3 to the best of its knowledge and belief.

Authorized Signatory</td></tr>
<tr><td>Certificate No.</td></tr>
</table>

13.13 환어음

Bill of Exchange

No. 04227 Date: September 08, 2025

Busan, KOREA

FOR USD5,100

At SIGHT OF THIS FIRST BILL OF EXCHANGE (SECOND OF THE SAME TENOR AND DATE BEING UN-PAID) PAY TO SHINHAN BANK OR ORDER THE SUM OF US DOLLAR FIVE THOUSAND AND ONE HUNDRED ONLY.

VALUE RECEIVED AND CHARGED THE SAME TO THE ACCOUNT OF ANSO NYLON Co., LTD.

DRAWN UNDER Mellon Bank, New York, U.S.A

L/C NO. A9912241 DATE : June 07, 2025

TO: Mellon Bank, New York, U.S.A

Daeyang Fisheries Commercial Co., LTD.

CEO S.H.Jo

S.H.Jo

배희성 Ph.D. University of Hull, UK

저자 약력

현) 경기대학교 무역학과 교수
현) UNDP Leading consultant
현) 전라남도 해양항만활력추진단 위원
현) 한국무역학회 부회장, 한국무역상무학회 부회장, 한국해운물류학회 편집위원, 한국항만경제학회 이사, 한국국제상학회 상임이사 등
현) e-Navigation and Maritime Economy 편집위원, Sustainable Production and Consumption, Supply Chain Management: An International Journal, International Journal of Operations and Production Management, International Journal of Logistics Management, International Journal of Logistics: Research and Applications 등의 심사위원
전) Newcastle University, UK, Visiting Scholar
전) 동명대학교 국제통상학과 교수

수상경력

Run-up Best Paper Award 2017 ICASL Qingdao, China
Topic: A study on gaps in performance between the levels of inter-corporate relationships in port logistics processes
한국해운물류학회 2021년도 추계학술대회 최우수논문상
(제목: 항만물류기업의 고객관계에 영향을 미치는 요인에 관한 연구)

저자는 해운 및 항만 물류와 글로벌 무역과 관련한 연구를 이행하여 약 70여 편의 논문을 국내외 논문집에 출판하였다. 연구결과는 International Journal of Logistics: Research and Applications, Asian Pacific Journal of Marketing and Logistics 등의 SSCI 논문집과 한국무역학회, 한국해운물류학회, 한국무역상무학회 등 한국연구재단 등재지에 게재되었다. 저자의 대표논문은 Bae, H.S., Grant, D.B., Banomyong, R., and Varadejsititwong, P. (2023), "Investigating the impact of the strength of supply chain integration on cost and responsiveness", International Journal of Logistics: Research and Applications, Vol. 26, No. 1, pp. 58-76이다. 저자는 현재 공급사슬품질경영과 관련한 다양한 연구를 이행하고 있다. 특히 글로벌 복합운송기업의 공급사슬품질경영에 대한 연구를 통해 이론을 실무에 적용하고자 노력하고 있다. 향후 저자는 공급사슬품질경영을 확장하여 글로벌 복합운송기업의 혁신에 대한 연구를 이행하여 글로벌 물류의 발전에 기여하고자 한다.

저자와의
협의하에
인지생략

무역실무

2025년 2월 5일 1판 1쇄 인쇄
2025년 2월 17일 1판 1쇄 발행

저 자 배 희 성
발행인 고 성 익

05027
발행처 서울특별시 광진구 아차산로 335 삼영빌딩
도서출판 三 英 社
등 록 1972년 4월 27일 제2013-21호
전 화 737-1052 · 734-8979 FAX 739-2386

정가 21,000원

ISBN 978-89-445-0586-7-93320